Günter Hole

Herzlichkeit als Lebenskunst

HERDER spektrum

Band 6030

Das Buch

Herzlichkeit – ein Gefühl und Ausdruck menschlicher Zuwendung. Besonders in einer Zeit, die oft als gefühlsarm empfunden wird, sehnen sich immer mehr Menschen nach echter Herzlichkeit. Doch woher kommt Herzlichkeit anderen gegenüber? Ist sie auf Erziehung und frühe Erfahrungen zurückzuführen und inwieweit sind alle Menschen zu einem bestimmten Maß an Herzlichkeit fähig? Kann man vielleicht sogar von einer Ethik der Herzlichkeit sprechen?

Der Theologe und Arzt Günter Hole bejaht diese Frage und versteht Herzlichkeit damit nicht nur als spontane Reaktion, sondern als bewusste persönliche Einstellung. Eingängig und charmant zeigt er, wie wichtig es ist, Möglichkeiten des Herzlichseins in unseren täglichen Kontakten wahrzunehmen und zum Leben zu bringen.

Doch es geht auch um die Frage, wie dauerhaft und intensiv Herzlichkeit sein kann. Dass es gerade in engen Beziehungen manchmal schwierig ist, herzlich zu sein, weil andere Emotionen in den Vordergrund drängen, ist verständlich. Kein Mensch kann immer herzlich sein. Als Mediziner geht Hole schließlich auch auf die schwierige Frage ein, wie sich Herzlichkeit in Patientenbeziehungen gestalten läßt.

Der Autor

Günter Hole, geb. 1928, Prof. Dr. med., studierte evangelische Theologie und Medizin und ist Facharzt für Psychiatrie und Psychotherapie. Von 1975 bis 1993 war er Ärztlicher Direktor des Psychiatrischen Landeskrankenhauses Weißenau/Ravensburg und Ordinarius für Psychiatrie an der Universität Ulm. Seither in eigener Praxis und in der Weiterbildung tätig.

Günter Hole

Herzlichkeit
als Lebenskunst

Die positive Kraft von Offenheit und Nähe

HERDER

FREIBURG · BASEL · WIEN

Originalausgabe

© Verlag Herder GmbH, Freiburg im Breisgau 2008
Alle Rechte vorbehalten
www.herder.de

Umschlagkonzeption und -gestaltung:
R·M·E Eschlbeck / Botzenhardt / Kreuzer
Umschlagmotiv: © gettyimages
Foto: © privat

Satz: Dtp-Satzservice, Peter Huber, Freiburg
Herstellung: fgb · freiburger graphische betriebe
www.fgb.de

Gedruckt auf umweltfreundlichem,
chlorfrei gebleichtem Papier
Printed in Germany

ISBN 978-3-451-06030-4

Selbst eine schwere Tür hat nur
einen kleinen Schlüssel nötig.

Charles Dickens

Inhalt

1.
Einleitung

„Herzlichkeit" – das Wort, so frei als Thema in den Raum gestellt, lässt aufhorchen. Dies zumindest war meine Erfahrung in Gesprächen, die ich während der Vorbereitung dieses Buches und auch schon früher zu Artikeln über dieses Thema führte. So gut wie immer kam dabei ein positives, bejahendes Echo auf die Konfrontation mit diesem Stichwort. Gleichzeitig freilich schwang Bedauern mit, dass in unserer Welt, in unserer Zeit, „Herz" und „Herzlichkeit" ja so gering geachtet wären oder gänzlich verloren gegangen seien. Es mangle überhaupt an emotionaler Wärme unter den Menschen, und an ihrer Stelle würden weithin Gefühlskälte, rücksichtslose Durchsetzung oder verbissene Verdrossenheit den Ton angeben.

Ist dem wirklich so? Lässt das, was mit „unserer" Welt und Zeit benannt ist, Herzlichkeit und Herz in einem größeren Maß vermissen als „frühere" Zeiten – und welche früheren Zeiten sind dabei gemeint? Gewiss nicht eine Art fröhlich-unbekümmerter und „guter" Urzustand der Menschheit, wie ihn die Evolutions-Romantiker erträumten; für den bekanntesten Vertreter dieser Auffassung, J. J. Rousseau (1712 bis 1778) war ja die ganze Menschheitsgeschichte eine „Degeneration" des Menschen (s. W. Windelband, 1950, S. 444 u. 449). Gewiss auch nicht andere, weit zurückliegende Epochen wie etwa das Mittelalter oder die spätere Neuzeit mit ihren enormen technischen und gesellschaftlichen Umbrüchen. Unwahrscheinlich aber auch, dass dabei an das hinter uns liegende

Jahrhundert gedacht wird, mit seinen schrecklichen Kriegen und allem, was sich Menschen dabei angetan haben, den Bedrohungen durch Kalten Krieg, Ideologien, Fanatismus und Terrorismus. Die Vermutung liegt nahe, dass sich hinter dem vagen Vergleich mit „früheren Zeiten" etwas ganz anderes verbirgt als eine historische Aussage: die Sehnsucht nämlich nach einer anderen Welt als der heutigen überhaupt – einer durchaus als möglich erachteten, da sie ja in der Phantasie auch „früher" schon da war – und deshalb einer umso mehr vermissten Welt, in der die Menschen „herzlich" miteinander umgehen mit allem, was in dieser Vorstellung von „Herzlichkeit" mit eingeschlossen ist. Es mag bei dem einen die Erinnerung an eine wirklich in Geborgenheit erlebte eigene Kindheit mitschwingen, beim anderen an eine nur einseitig gesehene oder eben positiv phantasierte Kindheit. Die eigentliche emotionale Aussage ist wohl allemal: Ich sehne mich nach mehr Herzlichkeit unter den Menschen!

Was das Wesentliche daran auch sein mag, wenn wir an „Herzlichkeit" denken: Es ist eine uns offenbar wohlbekannte, keiner weiteren Erläuterung mehr bedürftige Gefühls-, Empfindungs- und Erlebnisweise, ein aus sich heraus verständlicher Ausdruck wohltuender und offener menschlicher Zuwendung. Nur so lässt sich ja die genannte Selbstverständlichkeit begreifen, mit der so viele Menschen geradezu naiv annehmen, „früher" sei solche Herzlichkeit noch mehr da gewesen und hätte das Zusammenleben der Menschen noch wirksamer bestimmt. Und wenn wir von einem Menschen sagen, er sei oder verhalte sich „herzlich", dann ist dies unbestritten Ausdruck für eine uneingeschränkt positive, lobenswerte, Vertrauen schaffende Zuwendung und Einstellung eines Menschen. Die Eigenschaft „Herzlichkeit" steht in diesem Sinn für die Eigenschaft „Menschlichkeit", und dies in ganz zentraler Weise.

In umso stärkerer Diskrepanz zu solcher Hochschätzung und Wertung von Herzlichkeit steht der Befund, dass man den Begriff „Herzlichkeit" in den Artikeln und Stichwort-verzeichnissen selbst umfangreicher psychologischer Werke vergeblich sucht, ebensowenig in denen mit speziell psycho-therapeutischer und psychiatrischer Ausrichtung. Für die wissenschaftliche Erfassung und Bearbeitung stellt dieser Bereich offenbar kein hinreichend fassbares oder auch loh-nendes Thema dar. Vielleicht liegt er für sie auch zu nahe am einfachen, alltäglichen Leben, oder aber an der dichterisch-lyrischen Sprachwelt, an dem also, was in ihr so gänzlich unwissenschaftlich als „Herz" oder als „Sache des Herzens" bezeichnet wird. Wir kommen hierauf noch ausführlicher zu sprechen (s. 2.). Erstaunlich bleibt diese Ausblendung alle-mal, geht man davon aus, dass prinzipiell alle psychischen Phänomene auch Gegenstand psychologischer Erfassung und Analyse sein können und dies auch sein sollten.

Über die „Herzlichkeit" zu schreiben, sich über sie Gedan-ken zu machen, lässt in mir mehr und mehr das Gefühl aufkommen, eine Art kostbaren Gegenstand in Händen zu halten und ihn ehrfurchtsvoll und bewundernd von allen Sei-ten zu betrachten: zerbrechlich und alles andere als selbst-verständlich einerseits, und doch so grundlegend und unver-zichtbar, so wärmend für unser Leben andererseits. Es ist wohl das Geheimnis des „Herzens" überhaupt, das hinter der „Herzlichkeit" steht, und das so auch wohl nur in einer besonderen Art von Sprache einigermaßen zutreffend benenn-bar ist.

Dennoch: Was ist dieses Geheimnis, worin liegt sein Kern, wie weit lässt es sich lüften? Ist „Herzlichkeit", auch die Fä-higkeit und die Bereitschaft zu ihr, in allen Menschen ange-legt, vielleicht mit einer entsprechenden genetischen Wurzel, die sogar in manchen uns nahestehenden Tieren im Ansatz vorhanden ist? Oder wie weit ist eben die Fähigkeit und die Bereitschaft zu ihr aus unserer Sozialisation hervorgegangen, konkret aus Erziehung und früher und späterer Erfahrungsverarbeitung? Ist sie also ein Reaktionsmuster aus bereits erlebter Herzlichkeit seitens unserer ersten Bezugspersonen, und dann wiederum weiteren positiven Erlebnisverarbeitungen? Eine typische Ergänzungsreihe mit unterschiedlichen Schwerpunkten aus all diesen Elementen wird es wohl sein, dafür sprechen vielerlei Befunde. Doch wie weit ist ein bestimmtes Maß von Herzlichkeit allen Menschen tatsächlich möglich? Wie weit kann es gar als Bemühung eingefordert werden, auch entgegen allen widrigen Erfahrungen mit gescheiterten Versuchen, sich herzlich zu verhalten?

Mit diesem Gedankengang stoßen wir auch auf die Frage nach einer möglichen „Ethik der Herzlichkeit" (s. 3.): Wenn Herzlichkeit prinzipiell eine Fähigkeit aller Menschen ist, kann man sie dann nicht auch „prinzipiell" als situativ gebotenes Verhalten einfordern? Dies wäre wohl analog zu der grundsätzlichen Fähigkeit zu Rücksichtsnahme, Verzichtenkönnen, Freundlichkeit oder anderen altruistischen Verhaltensweisen zu sehen. Bejahen wir diese Frage, stellen wir damit aber auch klar, dass Herzlichkeit eben nicht nur als spontane Reaktion, gewissermaßen direkt „aus dem Herzen" heraus, da sein darf – das natürlich ohnehin! –, sondern dass es Herzlichkeit eben auch als bewusste persönliche Einstellung gibt und geben kann. Gemeint ist das Bemühen, die eigene innere Fähigkeit zu ihr zu mobilisieren, Herzlichkeit zumindest zuzulassen, ihr die Tür von innen nach außen zu öffnen, wenn sie innerlich bereitliegt. Herzlichkeit ergäbe sich so aus der jeweiligen Situation heraus, aus der Einschätzung, dass Herzlichkeit, ein bewusst zugelassenes herzliches Verhalten, gerade jetzt gut und hilfreich wäre; wobei diese Art „gewollter" Herzlichkeit gleichwohl „echte" Herzlichkeit bleiben muss. Auch dieses Thema wird uns noch eingehender beschäftigen (s. 2.). Der Unterschied zur „unechten", „geheuchelten" Herzlichkeit, die es selbstverständlich auch gibt, bleibt dennoch deutlich, denn diese liegt nach Art der Emotion und vor allem nach Art des Motivs auf einer ganz anderen Ebene.

Es könnte sein, dass nicht wenige Leser bei solchen Gedanken Widerstand und Abwehr in sich empfinden, wenn sie aus ihnen etwas wie einen moralischen Appell heraushören: „sei herzlich", „sei noch herzlicher", „zeige mehr Herzlichkeit" und Ähnliches. Es könnte nach Anstrengung, nach Mühe, nach Zwang zur Selbstüberwindung klingen, und vom „Bemühen" war ja bereits die Rede. Zu den vielen Pflichten, Pflichtübungen und Verpflichtungen käme so eine weitere, eine neue, eine Art emotionaler Auflage, ein ethischer Zwang zur Gestaltung positiver zwischenmenschlicher Gefühle. Allzu verständlich ist solche Abwehr vor allem dann, wenn sie mit durch den Eindruck bestimmt ist, dass hier ein Einsatz mit unsicherem Ausgang, gar eine Vorleistung bei vermutlich ausbleibendem Echo erbracht werden soll. Es geht ja aber darum, ob und wie weit wir uns auf einen zentralen Bereich in unserem Menschsein einlassen, einen Bereich, der auch bei uns selbst mit mehr Wohlsein verbunden ist. Herzlichkeit besteht ja nicht in einem brüchigen „keep smiling", einer erzwungenen Fassade gespielter Fröhlichkeit, oder in einer forcierten Gefühlswallung mit emotionaler Umarmung. Läge ihr Wesen, und vor allem ihr sichtbarer Ausdruck, in solchen Verhaltensstilen, wäre unsere instinktartige Abwehr wahrlich berechtigt. Das Unechte, Erzwungene und allzu sehr Gewollte, und dabei vielleicht auch noch Aufdringliche, speist sich deutlich aus anderen inneren Kanälen als das, was uns aus dem Klang des Wortes „Herzlichkeit" so sehr anspricht und bewegt.

Es gäbe ja wohl nicht jene umfassende Sehnsucht nach mehr Herzlichkeit in unserer Welt, von der schon die Rede war, wenn mit ihr nicht ein ganz besonderes, wohltuendes und bereicherndes Lebenselement benannt wäre: Ein Element der menschlichen Bedürftigkeit einerseits, und eines der menschlichen Fähigkeit hierzu andererseits. Von beidem wird in diesem Buch die Rede sein. Ich möchte etwas davon vermitteln und zum Leuchten bringen, was in der Herzlichkeit als eigenem Kern menschlichen Wesens steckt.

2.
Herzlichkeit als Emotion und Einstellung

Zum Wesen und Ursprung von Herzlichkeit

Immer wenn es um das „Wesen" einer Sache geht – ob im praktischen Leben oder in der Wissenschaft – geraten wir in Erklärungsschwierigkeiten. Viel leichter und verständlicher ist es, Merkmale zu benennen oder Verhaltensbeschreibungen zu geben. Der „Kern", das „Eigentliche", das „Charakteristische", um das es geht, entzieht sich zu großen Teilen dem beschreibenden Zugriff. Besonders im psychischen Bereich erleben wir dies, obwohl wir gerade hier durch Eigenerfahrung und Einfühlung alle wissen, um was es bei den jeweiligen Regungen geht, und wie sich die entsprechenden Emotionen „anfühlen".

So sind viele wesentliche und tragende emotionale Vorgänge im Menschen z. T. sehr detailliert und differenziert erforscht, ob es sich um typische Grundemotionen wie Freude, Angst, Wut, Traurigkeit, Neugier oder Ekel handelt, oder um komplexere Abläufe wie Aggressivität, Eifersucht, Neid, Trauer oder Minderwertigkeitsgefühle. Doch bleiben alle Versuche, das „Wesen" dieser jeweiligen psychischen Erlebnisweisen definitorisch einzufangen, unbefriedigend. Wir verstehen sie, wie gesagt, viel besser aus der Schilderung, also deskriptiv, oder aber aus unserer unmittelbaren Eigenerfahrung und Einfühlung.

Bei einem so zentral menschlichen Phänomen wie der „Herzlichkeit" – zu dem es keine speziellen psychologischen Untersuchungen, ja nicht einmal das Stichwort hierzu in wissenschaftlichen Werken gibt (s. 1.) – kann uns das Gesagte erst recht besonders augenfällig werden. Was wir am anderen, seinem Gesichtsausdruck, seinen Worten, seinem Tonfall unmittelbar wahrnehmen und meist auch richtig deuten, eben das „Herzliche", verstehen wir dadurch, dass es in uns ähnliche eigene Gefühle zum Schwingen bringt. Es ist uns vertraut, wir erfühlen gewissermaßen, was herzlich ist – nicht durch ein besonderes Wissen und Analysieren, sondern durch spontane Einfühlung in das, was im anderen vorgeht, einfach weil es dieselben Saiten sind, die auch in uns schwingen. Ohne also um das sogenannte „Wesen" der Herzlichkeit ein besonderes Wissen oder eine Vorbildung zu haben, teilt es sich uns unmittelbar mit, und zwar stimmig. Wir erfahren uns so als unmittelbar fähig, die entsprechende zwischenmenschliche Situation zu deuten; vielleicht schließt dies sogar unsere eigene, antwortgebende Reaktion mit ein. Hier befinden wir uns auf einer Ebene, auf der sich so etwas wie „emotionale Kompetenz" zeigt und wirksam wird.

Natürlich kann man über „Herzlichkeit" und die Möglichkeit des „Herzlichen" im Menschen auch ausführlich psychologisieren, philosophieren und anthropologisieren. Dies ist keinesfalls ironisch gemeint. Es bedeutet allemal Erkenntnisfortschritte und einen Gewinn an Zuordnungsklarheit, wenn wir den emotionalen Stellenwert, die zwischenmenschliche Wirkung und die anthropologische Rangordnung von Herzlichkeit besser zu erfassen und zu deuten versuchen. Dies trifft umso mehr zu, als wir ja alle spüren und wissen – und die einleitend beschriebenen utopischen Herzlichkeitssehnsüchte, in die Vergangenheit oder in die Zukunft projiziert, belegen dies (s. 1.) –, welch zentraler menschlicher Stellenwert dieser Regung und Einstellung zukommt. Nur, und nochmals: das „Wesen" der Herzlichkeit ist mit alledem eben nicht erfassbar.

Was den oben angesprochenen „Ursprung" der Herzlichkeit angeht, stehen wir erst recht vor einem Problem – und weithin auch vor einem Geheimnis. Wo wurzelt sie im menschlichen Wesen? Welches sind ihre Vorbedingungen in der Psyche? Wie entsteht sie in der intrapsychischen Entwicklung, und unter welchen systemischen und psychosozialen Einflüssen kann sie sich weiter entfalten? Was blockiert ihre Entfaltung? Ein Teil dieser Fragen wird im Folgenden noch näher angegangen werden, und es lässt sich aus dem Bedingungsgefüge durchaus einiges erhellen. Wie weit wir aber dem wirklichen „Ursprung" von Herzlichkeit im menschlichen Wesen überhaupt näherkommen können, dies liegt in einer Reihe mit anderen, nur sehr unvollkommen zu beantwortenden Fragen; so der Frage nach dem „Ursprung" von Liebe und Güte, von Freude und Zuneigung, von mitmenschlichen sozialen Regungen allgemein. Vieles kann man dazu dem Verständnis näherbringen; es ist auch der psychologischen Forschung zugänglich, wenn auch das Fehlen einer klaren Methodik hierzu ein eigenes wissenschaftliches Problem darstellt. Das Geheimnis ihres letzten Ursprungs im „Leben" aber und das seiner Entfaltung überhaupt bleibt bestehen.

Eines freilich lässt sich deutlich sagen, und insofern auch eine klare Zuordnung in der Vielfalt der menschlichen Emotionen und Einstellungen treffen: Herzlichkeit gehört zu den sogenannten positiven sozialen Gefühlen, von denen auch einige andere hier genannt wurden. Und sie haben an den Rahmenbedingungen, dem günstigen „Nährboden" in der menschlichen Entwicklung teil, ohne den ein Keimen und Reifen nicht denkbar ist. Die psychologische Forschung, speziell zur Psychogenese und Psychodynamik solcher Emotionen, hat eine Fülle von soliden Ergebnissen hierzu geliefert, auf die noch näher einzugehen ist (s. u.). Sie kreisen alle um die Fähigkeit, sich angstfrei zu trauen, Offenheit zu zeigen und Beziehungen einzugehen. Die wichtige Bedeutung, die die allerersten Lebensjahre, also die frühen Sozialisationsbedingungen hierbei haben, ist hinreichend belegt. Sie konkretisieren sich in der zentralen Rolle, die die Entwicklung von „Urvertrauen" („basic trust") im Sinn von E. Erikson (1953, S. 11ff.) spielt, ebenso auch in den Ergebnissen der modernen Bindungstheorie nach J. Bowlby (1969) und K. H. Brisch (1999), mit der Bedeutung der Fähigkeit zum Aufbau einer verlässlichen und ungebrochenen Bindung, und damit auch zur angstfreien, offenen Zuwendung im jeweiligen Augenblick (Näheres hierzu s. u.).

Auf beklemmende Weise stellt sich aber gerade dadurch die Frage, ob die Fähigkeit und die Möglichkeit zur Herzlichkeit nicht von vornherein als das Privileg einer einigermaßen glücklich verlaufenen frühen Sozialisation zu gelten hat, und ob somit die dabei weniger glücklichen oder gar zentral traumatisierten Menschen hierin ein bleibendes Defizit zeigen. Der „Ursprung" von Herzlichkeit, begrenzt auf einen solchen guten und günstigen Sozialisationsrahmen, wäre so ja auch ein Stück weit seines humanen Geheimnisses, seines zentralen Orts im menschlichen Dasein beraubt. Ist Herzlichkeit eine Domäne der „psychisch besser Situierten", keinesfalls aber für den Durchschnitt – wäre das der harte und auch banale Kern der Frage? Ähnlich auch der Befund, dass im Rahmen der unterschiedlichen Persönlichkeitsstrukturen die Fähigkeit zur Herzlichkeit einseitig ausgebildet zu sein scheint? „Herzlichkeit" vielleicht auch weithin als Ausfluss einer typischen neurotischen „Reaktionsbildung" oder einer Anerkennungsbedürftigkeit, als Fassade für ganz andere Regungen also (s. u. und 5.)?

Die offenen Fragen nehmen zu, je mehr wir uns dem Thema zu stellen versuchen. Sie wecken aber gleichzeitig auch die Neugier darauf, wie weit es gelingen mag, das Besondere, die

Eigenarten, die Hintergründe und ebenso auch die Grenzen und die Problemfelder von Herzlichkeit in den Blick zu bekommen. Dass wir uns hier im Bannkreis einer menschlichen Wesenseigenschaft von gleichzeitig hoher innerpsychischer und ebenso zwischenmenschlicher Bedeutung bewegen, ist greifbar. Und wenn es stimmt, was im „Lexikon der Herzensbildung" (2001, S. H1) ausgesagt ist, nämlich dass „ein Mensch ohne Herzlichkeit kaum auszuhalten" wäre, dann könnte man sogar von einer zentralen, für die menschliche Gemeinschaft grundlegenden seelischen Fähigkeit sprechen. Ist dann vielleicht die verbreitete Klage über den Mangel an Herzlichkeit in unserer heutigen Welt, wie wir sie eingangs beschrieben haben, Ausdruck des Gespürs für dieses besonders „Menschliche" an der Herzlichkeit? Umso interessanter wird dann aber auch die Frage, wie die – offensichtlich doch so unterschiedliche – primäre Fähigkeit und auch Bereitschaft zu herzlichem Verhalten und zu herzlichen Gefühlen menschlich bewertet werden soll (s. u. und 3.).

„Herz" und „Herzlichkeit"

„Herzlichkeit" kommt von „Herz" – diese banale sprachliche Feststellung rückt die Bedeutung der beiden Wörter in ihrer Verwandtschaft nahe aneinander. Sie verdeckt dabei gleichzeitig den großen Bedeutungsunterschied und die so unterschiedliche Geltungsbreite dessen, was jeweils gemeint ist. Dies gilt für die Geschichte und gilt für die Gegenwart. Die Spanne der Bedeutungen, Bearbeitungen und Deutungen zum Thema „Herz" reicht von der rein anatomisch-medizinischen Seite über die verschiedenen psychosomatischen Aspekte bis hinein in die reiche Welt der Belletristik und Lyrik, und dies scheint ganz selbstverständlich ein Abbild der elementaren Rolle des Begriffs „Herz" im Leben überhaupt zu sein.

Zu „Herz" im anatomischen und physiologischen Sinn braucht hier nichts weiter gesagt zu werden. Von dieser zentralen Bedeutung für den körperlichen Lebensprozess überhaupt leiten sich jedoch alle anderen Bedeutungen, auch die symbolischen, letztlich ab. Mit dem Bindeglied, nämlich dem Bereich der funktionellen Verflechtung zwischen körperlichen Herzen und Herz-Symbolik, befasst sich die psychosomatische Medizin. Für sie stellt dieses Gebiet eine sehr zentrale Thematik dar. So haben sich z. B. die Lindauer Psychotherapiewochen, eine der umfangreichsten und wichtigsten psychotherapeutischen Weiterbildungs-Veranstaltungen in Deutschland, im Jahr 2004 eine ganze Woche lang mit dem Rahmenthema „Herz" und seinen vielfältigen psychischen Zusammenhängen befasst. Und eine Fülle an medizinisch-psychotherapeutischer Fachliteratur beschäftigt sich seit Langem mit den einzelnen psychisch mitbedingten Störmustern auf dem Herz-Kreislauf-Gebiet, vom angstmachenden, subjektiv bedrohlich erlebten Herzklopfen bis zur vollen Symptomatik eines Angina-pectoris-Anfalls und dessen möglichen Auslösern.

Die größte und faszinierendste Fülle besitzt das Thema „Herz" jedoch auf seiner symbolischen Ebene, und es findet seinen literarischen Niederschlag einmal im Bereich von Belletristik und Lyrik, zum anderen in der Religions- und Geistesgeschichte. Von hier aus wird auch der beschriebene Kontrast zum Fehlen des Begriffes „Herzlichkeit" in der allgemeinen und vor allem der wissenschaftlichen Literatur besonders auffällig. In der Lyrik sind die unüberschaubar zahlreichen Gedichte, in denen symbolisch vom „Herzen" die Rede ist, ein bewegendes Zeugnis zentraler Lebensbedürfnisse. Auf der psychologischen und philosophischen Deutungsebene andererseits durchzieht die Polarität „Verstand"/ „Herz" in den verschiedensten Variationen die gesamte Kultur- und Geistesgeschichte und ist Ausdruck tiefer Lebensweisheit und bewegender Alltagsproblematik. Das „Herz" (griech. „kardia", lat. „cor") gilt von alters her als Sitz der „Seele" oder der personalen Mitte des Menschen, und es wird in der abendländischen Kulturgeschichte auch weithin zur Chiffre für die besondere, ethisch positive Heraushebung und Bewertung von Handlungen (Näheres hierzu s. W. Biesterfeld, 1974, S. 1100 bis 1111). Dass ein Mensch „Herz" hat, „auf sein Herz hört", etwas „von Herzen" tut, „der Stimme des Herzens" folgt: Dies sind alles Formulierungen mit dieser eindrücklich positiven Bewertung. Sie gehen unmittelbar in uns ein und bringen zustimmende Saiten in uns zum Klingen. Dabei kreist dann der – hinzugedachte oder benannte – Gegenton um die Begriffe „Verstand", „Vernunft", „ratio", „Kalkül" u. a. In ihm sind die entsprechenden negativen Bewertungen zusammengefasst und bilden den Kontrast zu der umso stärker leuchtenden Herz-Symbolik.

Unter der großen Vielfalt literarischer Gestaltungen der „Herz"-Thematik, ob religiöser, lyrischer oder philosophischer Art, seien hier nur einige markante Beispiele aus unserem Kulturkreis genannt. Schon die Bibel, das Alte und das Neue Testament, ist voll von entsprechenden, packenden Formulierungen, wie „Ein Mensch sieht, was vor Augen ist, Gott aber sieht das Herz an" (1. Sam. 16, 7); oder in dem Jesuswort: „Selig sind, die reinen Herzens sind" (Mt. 5, 8). In den berühmten „Confessiones" des Kirchenvaters Augustin (354–430) finden sich viele Formulierungen zum „Herzen", so gleich zu Anfang das bekannte Wort: „Ruhelos ist unser Herz, bis es seine Ruhe hat in Dir" (ca. 400/1955, S. 7); ebenso die Bitte, die Hand Gottes ergreifen zu können „mit der Kraft meines Herzens" (S. 21), oder die Beschreibung der Gaben Gottes, „die Du hineinsenkst in die Herzen Deiner Gläubigen" (S. 166). Augustin gilt, neben all seiner sonstigen theologischen und kirchengeschichtlichen Bedeutung, als Begründer einer neuen Innerlichkeit, einer Art „Theologie des Herzens". Eine intensive Frömmigkeitstradition, in der das „Herz", das „Gemüt", das „Gefühl" eine tragende Rolle spielt, beruft sich auf ihn. Viel später hat dann Blaise Pascal (1623–1662), der bekannte französische Philosoph, mit seinem so schönen Ausdruck von der „ordre du coeur", der „Ordnung des Herzens", in besonderer Weise das Wesen menschlicher Liebe auf das „Herz" bezogen. Er sieht in der „Herzenserkenntnis" überhaupt deren dynamisches Zentrum und unentbehrliche Basis; „Le coeur a ses raisons, que la raison ne connait point" (1979, S. 89 u. 93). Als bewegendste und vielleicht berühmteste Formulierung hierzu in der Literatur darf aber wohl das Wort von Saint-Exupéry (1900–1944) im „Kleinen Prinzen" gelten: „Man sieht nur mit dem Herzen gut. Das Wesentliche ist für die Augen unsichtbar" (1950, S. 52). Ich habe manchmal in einem meiner Seminare die Studenten angeregt, zu versuchen, die Aussage dieses Satzes in die moderne psychologische Sprache zu übersetzen; erst bei einem solchen konkreten Versuch zeigt sich, wie weit weg von der Wiedergabe solcher innerster seelischer Regungen – die wir ja alle unmittelbar „verstehen" – unsere psychologische Begrifflichkeit liegt.

Die dichterische, im Speziellen auch musikalische und schöngeistige Darstellung des Themas „Herz" reicht, wie wir wissen, von einem tief empfundenen lyrischen Ausdruck, der uns unmittelbar berührt, über ein sentimentales Besingen in manchen Liedern, bis hin zur oft kitschigen Vermarktung in populären Schlager-Texten. Und auch aus der vielfältigen religiösen Literatur und Praxis kennen wir eine z. T. hoch überfrachtete Herz-Symbolik, wie sie z. B. in verschiedenen Anbetungsritualen und in der „Herz Jesu"-Mystik zum Ausdruck kommt. Sieht man aber einmal von allen, ja ohnehin subjektiven Bewertungen eines so breiten Spektrums ab, so wird deutlich, dass hier etwas tief Innerliches in der menschlichen Psyche und im menschlichen Wesen besungen und sprachlich gestaltet wird. Es geht um etwas, das auch einen gemeinsam erlebbaren emotionalen Kern – und vor allem auch Wert – erfahren lässt. „Herz" in diesem Sinn hat jeder und kann jeder empfinden, als eine uns Menschen grundsätzlich eigene und auch erreichbare Innerlichkeit. Und so darf man vielleicht den scheinbar so großen Abstand zwischen dem Pascal'schen „coeur" als Gegenpol zum Verstand auf der einen Seite, und dem „Herz" als Ausdruck von Gefühlen in einem gängigen Liebeslied auf der anderen Seite, getrost um einiges verringern. Es ist wohl überhaupt die bessere Haltung, alles, was echte seelische Empfindung meint, dies dann auch formuliert oder besingt, mit Wertschätzung und Freude wahrzunehmen – und damit eben „herzlich" zu begrüßen.

Gerade vor dem Hintergrund dessen, was hier über „Herz" zu sagen war, konkretisiert sich „Herzlichkeit" in deutlicher Weise als ein sichtbares Zeichen, ein greifbarer Ausdruck aus diesem symbolisch verstandenen „Herzen". Ohne „Herz" keine „Herzlichkeit" könnte man sagen, es bildet den emotionalen Resonanzboden für eine solche dann unmittelbar spürbare Art der Zuwendung und der Einstellung. Dass jemand „Herz" hat, auf „sein Herz hört", der „Stimme des Herzens" folgt, „mit dem Herzen sieht" – das kann durchaus im Hintergrund oder Untergrund bleiben, es muss nicht unmittelbar spürbar sein. Aber Herzlichkeit ist spürbar, wenn auch vielleicht noch verhalten und scheu, je nach Situation, auf jeden Fall aber ist sie für den anderen merklich vorhanden.

Wenn wir uns im Vorabschnitt dem „Wesen" von Herzlichkeit ganz allgemein anzunähern versuchten, so geschieht dies hier nun aus der konkreten Bedeutung und der Symbolik von „Herz" heraus. „Herzlichkeit" ist Konkretisierung von „Herz", könnte man weiterführend sagen. Sie lässt sich in Gestalt, Ausdrucksform und Gefühlslage besser und spezieller erfassen. Vor allem prägt ein typisches Merkmal und

Kriterium den Unterschied: Herzlichkeit findet immer in Begegnung statt, steht nie für sich allein, wird erst lebendig in der Zuwendung zum anderen Menschen. Eine „herzliche Begegnung" zeigt, im Unterschied zu einer „sachlichen" oder „distanzierten" oder gar einer „kühlen", „misstrauischen" oder „feindseligen" Begegnung, eine vom Ansatz her eigene emotionale Offenheit. In ihr sind Gefühle der Freundlichkeit und des Wohlwollens, auch der primären Akzeptanz und Wertschätzung zugelassen, und sie sind auch für das Gegenüber erkennbar und fühlbar. Vor allem aber wird Nähe, emotionale und eventuell auch körperliche Nähe, spontan oder bewusst hergestellt. Wir wissen, dass dies weithin unabhängig vom übrigen gesellschaftlichen Rahmen sein kann. Es gibt ein herzliches „Du" und ein herzliches „Sie", so wie es auch ein kaltes „Du" und ein kaltes „Sie" gibt. Ähnlich ist es mit Umarmungen: Sie können echt herzlich sein und werden dann als besonders wohltuend erlebt, sie können aber auch merklich kühl und distanziert bleiben und verbreiten dann ein Gefühl von Abweisung.

Herzlichkeit macht eine Begegnung vor allem angstfrei, was mit eine der wichtigsten Voraussetzungen für emotionale Nähe ist. Beide Menschen können sich mit offenem Visier anschauen, sich vertrauen, wenigstens in dieser jetzigen Situation. Hierin liegt ein besonderes, kaum hoch genug einschätzbares Element menschlicher Kommunikation. Herz, Herzlichkeit und Vertrauen stehen in sehr enger Beziehung zueinander. „Herz" ermöglicht Herzlichkeit, und Vertrauen ermöglicht Herzlichkeit, von der einen und von der anderen Seite her. Und so, wie sich „Herz" in der „Herzlichkeit" konkret als eine besondere Art von Beziehung zeigt, so zeigt sich im Wagnis der Herzlichkeit auch Vertrauen, recht oft auch als Vorschuss-Vertrauen. – Dass es auch gespielte, täuschende, heuchlerische Herzlichkeit geben kann, ebenso auch eine Art bloßer Routine-Herzlichkeit, wissen wir. Dies kann der echten Herzlichkeit, als Ausdruck des Inneren, nichts an Wert nehmen.

Bisher wurde im Zusammenhang von „Herz" und „Herzlichkeit" ganz bewusst nur von Begegnung gesprochen. Damit ist eine momentan gegebene, vielleicht nur kurz während Situation gemeint, die sich sofort wieder auflösen kann: Eine Begegnung zwischen zwei fremden Menschen, am Postschalter, im Bus, beim Einkaufen, auf der Straße, am Telefon. Oft handelt es sich nur um einen kurzen Austausch von Information, von Papieren, von Gegenständen, manchmal „nur" von Höflichkeitsworten. Hier kann sich, wenn auch in Kürze, durchaus Herzlichkeit zeigen, wenn beide Menschen, oder wenigstens der eine von beiden, dies im Moment zulassen kann. Diese Möglichkeit wird dann noch wahrscheinlicher, wenn zwei Bekannte sich unerwartet treffen. Derartige Situationen finden noch eine eingehendere Erörterung. – In wesentlich anderer, meist viel komplexerer Art wird jedoch Herzlichkeit zu einem grundlegenden Element im Rahmen von eigentlichen Beziehungen, im Unterschied also zu bloßen Begegnungen (s. 4.).

Herzlichkeit und Persönlichkeitsstruktur

Ob Herzlichkeit nun in momentanen, kurzen und singulären Begegnungen zum Ausdruck kommt, oder in intensiven, gar intimen, jedenfalls längerfristigen Beziehungen: Die Frage nach den inneren Bedingungen und spezifischen Wurzeln dieses so markanten „Musters" von Verhalten und Ausstrahlung liegt auf der Hand – und zwar vor allem, weil ja verschiedene Menschen in vergleichbaren Situationen sehr unterschiedliche emotionale Signale aussenden und sich auch entsprechend unterschiedlich verhalten. Die allgemeine Erfahrung von der prägenden Kraft der Persönlichkeitsstruktur

eines Menschen für seine Einstellungen und Reaktionen überhaupt legt die Annahme nahe, dass auch bei der Herzlichkeit
entsprechend begünstigende und förderliche, oder aber ver-
hindernde und vermeidende charakterliche Prägungen am
Werk sind.

Mit Persönlichkeitsstruktur ist hier das emotionale und geis-
tige, erlebnis- und reaktions-typische Profil eines Menschen
gemeint, so wie es sich in seinem Leben zeigt. Dies entspricht
dem derzeitigen allgemeinen Konsens, in dem „Persönlichkeit" als „eine mehr oder weniger stabile und überdauernde
Organisation einer Person hinsichtlich Charakter, Temperament, Intellekt und Physis, die ihre einzigartige Anpassung
an die Umwelt bestimmt", verstanden wird (H. Saß, 1995,
S. 215). Die Frage, wie viel hiervon genetisch bedingt und
wie viel auf frühe Kindheit, Erziehung und allgemeine Erleb-
nisverarbeitung und Entwicklung zurückzuführen ist, bleibt
dabei außer Betracht. Wir können innerhalb dieser Reihe
von Bedingungen ohnehin nur Schwerpunkte setzen oder gar
Vermutungen anstellen. Struktur ist das, was jetzt ist, die geprägte, überaus komplexe psychische Konstitution, Psychodynamik und Verhaltensweise eines Menschen. Sie umfasst
auch das, was auf der Beurteilungs- und Bewertungsebene
meist als „Charakter" bezeichnet wird. Im psychologischen
Sprachgebrauch bedeutet aber auch dieser Begriff die „fest-
geprägte individuelle Form des Menschen, also diejenigen
strukturellen Merkmale, die seine persönliche Art zu Handeln bestimmen" (v. Sury, 1974, S. 52), oder „die individuelle, besondere Ausprägung von Dispositionen", wie es
W. Schmidbauer (2001, S. 48) ausdrückt. Das wertende Element ist in dieser Betrachtung vermieden. Ob man freilich
die „Herzlichkeit" als Struktureigenschaft oder als Charak-
tereigenschaft bezeichnet, spielt eine untergeordnete Rolle.
Die wesentliche Frage ist wohl, ob es sich hier überhaupt um
eine Eigenschaft im konstituierenden, stabilen Sinn handelt,

und nicht vielmehr um eine psychodynamisch sehr variable Reaktionsform und Einstellung.

Wie weit ich in einer menschlichen Begegnungssituation mein Herz „öffne" oder mein Herz „verschließe", hängt zweifellos von eben dieser Situation ab; es gibt hier vielerlei Möglichkeiten und Varianten mit ihren Abstufungen. Aber ohne Zweifel liegt es auch in meiner Struktur, meiner Disposition, meinem Charakter (s. o.), ob ich überhaupt herzlich zu sein vermag, und auch, dass ich mich traue, es zu sein. Es geht also nicht einfach um Herzlichkeit als Eigenschaft eines Menschen, sondern gleichzeitig auch um das günstige Bedingungsfeld zum „Herzlichsein", innerlich und äußerlich.

Welcher Art nun kann dieses Bedingungsfeld innerhalb der Gesamtstruktur der Psyche sein, bzw. welche Strukturelemente ermöglichen am ehesten oder leichtesten „Herzlichkeit"? Woher kommt der Impuls zu ihr? Überprüft man die verschiedenen Modelle und Spektren von Persönlichkeitsstrukturen, die sich im Laufe der Geschichte allmählich herausgebildet haben oder auch Ergebnis einer bestimmten Persönlichkeitstheorie sind, so wird sogleich deutlich, dass „Herzlichkeit" eben keine Eigenschaft ist, die man einfach einem bestimmten Typus zuordnen kann. Dieses Gefühls- und Verhaltensmuster hat zwar durchaus begünstigende Wurzeln in bestimmten, kommunikativ wirksamen psychischen Anteilen eines Menschen. Doch in der Reaktionsstrecke auf Herzlichkeit oder „Herzlichseinkönnen" hin wirken Eigenschaften, situative Bedingungen, bisher erworbene Erfahrungen und schließlich auch persönliche Ziele und Einstellungen auf komplexe Weise zusammen.

So lässt sich an der schon in der Antike entwickelten sogenannten „Temperamenten"-Lehre, mit den vier Strukturtypen der „Sanguiniker", „Melancholiker", „Choleriker" und

27

„Phlegmatiker", das hier Gesagte gut aufzeigen. Diese, im populären Sprachgebrauch bis heute bekannten Unterscheidungen stammen in ihren Ansätzen schon aus der hippokratischen Medizin vor der Zeitenwende (um 400 v. Chr.), und wurden dann vor allem von dem griechischen Arzt Galen (2. Jh. n. Chr.) in ein differenziertes System gebracht. Obwohl die kausale Erklärung, die dieser Temperamenteneinteilung zugrunde lag, nämlich die sogenannte Viersäftelehre, längst überholt ist, ist diese Typenbeschreibung nach wie vor sehr markant und lebensnah; sie entstammt ja auch der Beobachtung lebender Menschen, innerhalb derer sich solche Prägnanztypen bilden lassen (Näheres zur Temperamentenlehre s. H. Remplein, 1965, S. 429–439).

Der sogenannte *„Sanguiniker"* (von lat. „sanguis", Blut) z. B. scheint auf den ersten Blick zu einer spontanen, impulsiven Herzlichkeit besonders befähigt zu sein. Er gilt als eher heiter, dabei leicht aktivierbar und ansprechbar, auch begeisterungsfähig für eine Sache oder einen Menschen; doch es fehlt ihm dabei eine tiefere, anhaltende Anteilnahme, er zeigt eher ein stürmisches, inkonstantes Auf und Ab von emotionaler Beteiligung. So ist er durchaus zu einer momentanen Begegnungs-Herzlichkeit fähig, aber weniger zu einer konstanten herzlichen Beziehung mit der zu ihr gehörigen Verlässlichkeit. – Im Typus des *„Phlegmatikers"* (von griech. „phlegma", Schleim) verkörpert sich hingegen ein langsam und schwerfällig reagierendes Temperament, sehr ruhig und „gemütlich", aber mit geringer Anregbarkeit und Schwingungsfähigkeit. Solche Menschen können durchaus tiefe und warme Herzlichkeitsgefühle haben und sie auch zeigen, dabei auch offen und echt wirken. Doch sind sie andererseits nur wenig zu einer aufwallenden, spontan-begeisterten Begegnungs-Herzlichkeit fähig; die emotionale Reaktion zeigt wenig Antrieb und bleibt eher gedämpft. – Im *„Choleriker"* (von griech. „chole", Galle) begegnet wiederum das Element der momentanen starken Erregbarkeit und Leidenschaftlichkeit, doch meist gepaart mit spontaner, wenig steuerbarer Aggressivität und starkem Durchsetzungsbedürfnis. Eine bei ihm in der Grundstruktur durchaus ebenso bereitliegende Fähigkeit zur Herzlichkeit, auch mit dem Bedürfnis, sie zu zeigen, wird dabei durch die genannten Eigenschaften in vielen Begegnungen und Beziehungen direkt blockiert; so verbreitet der Choleriker oftmals eher Angst um sich, als die lockere Atmosphäre eines herzlichen Gefühls. – Der *„Melancholiker"* schließlich (von griech. „melas chole", schwarze Galle) trägt zwar durch seine warmherzige Wesensart am meisten die inneren Gefühlsanteile in sich, die eine tief empfundene, echte und dabei tragfähige Herzlichkeit ermöglichen. Diese lässt sich auch meistens von außen, in der Art der Begegnung, erspüren. Doch aufgrund der typischen Verhaltenheit und Scheu, vor allem auch der Minderwertigkeitsgefühle, Versagensängste und ernsten Grundstimmung melancholisch strukturierter Menschen, bleibt der gelebte Ausdruck der herzlichen Gefühle oft eingeschränkt und gedämpft. Ihr Tiefgang und ihre Verlässlichkeit erschließt sich oft erst im weiteren Verlauf einer Begegnung.

An dieser kurzen Darstellung wird schon deutlich, was im Prinzip auch für alle anderen Persönlichkeitstypologien gilt: Die Gesamtheit von Fähigkeiten, Bedingungen und emotionalen Reaktionen, die zum stimmigen Ausdruck von Herzlichkeit gehören, lässt sich keinesfalls im ganzen einem dieser prägnanten Typen zuordnen. Jeweils spielen sowohl begünstigende als auch hemmende Eigenschaften mit eine Rolle; diese ergeben jeweils ein schillerndes und komplexes Bild verschiedenster Erscheinungsarten von Herzlichkeit. Dennoch kann die kritische Beobachtung solcher Erscheinungsbilder und der Grundstruktur des jeweiligen Menschen den Blick auf die Psychodynamik hinter den Phänomenen schärfen; und sie sollte auch dazu führen, dass wir die einzel-

nen Charaktere auch entsprechend um- und vorsichtig beurteilen. Ohnehin kann man ja die Mehrzahl der Menschen
gar nicht einem solchen einzelnen markanten Typus zuordnen – wir stellen in der Regel als Individuum ein typologi-
sches Mischbild mit den verschiedensten Akzentuierungen
und Wesenselementen dar. Sich davor zu hüten, Menschen
nach Einzelmerkmalen zu kategorisieren und gewissermaßen
in Schubladen zu stecken, entspricht ja auch dem Wissen um
die Komplexität des Psychischen überhaupt, und damit auch
dem Gebot der Wertschätzung.

Im Rahmen seiner allgemeinen Konstitutionstypologie hat
E. Kretschmer (1951) u. a. die zwei polaren Typen der „cyclothymen" und der „schizothymen" Persönlichkeitsstruktur beschrieben. Hier interessieren jedoch nicht die umstrittenen
Entsprechungen zwischen dem konstitutionell-körperlichen
und dem strukturell-psychischen Typus, sondern die Frage,
in welchem der beiden Eigenschaftsschwerpunkten sich die
Fähigkeiten, Ansätze und Impulse für ein herzliches Verhalten am besten Raum schaffen können. Es liegt im Wesen dieses Konzepts und seiner Strukturachse, dass im Bereich des
cyclothymen Typus eben jene Eigenschaften zu finden sind,
die ein herzliches Gefühl und ein herzliches Verhalten in
besonderer Weise ermöglichen: Seelisches Abgerundetsein,
harmonisches Lebensgefühl, Warmherzigkeit, Schwingungsfähigkeit, Offenheit, Unmittelbarkeit von Impulsen und sogenannte „syntone" Reaktionen, bei denen Gefühl und Verstand meist übereinstimmen. Im Gegenpol, dem *schizothymen
Typus,* finden sich schwerpunktmäßig Elemente der emotionalen Schroffheit, des Abgrenzungs- und Distanzierungs-
bedürfnisses, der gefühlsmäßigen Kühle mit Scheu vor zu
großer Nähe, dazu auch der Dominanz des Intellekts; hinzu
kommt vor allem das Bedürfnis nach Unabhängigkeit, das
oft den Eindruck von Verschlossenheit vermittelt und den
Zugang zum meist sehr differenzierten Innenleben erschwert.
Solchen Menschen fällt es ausgesprochen schwer, Herzlich-

keit in dem hier gemeinten emotionalen Profil zu zeigen, auch wenn sie in ihrer inneren Reaktion oder Einstellung durchaus menschlichen Tiefgang, Zuverlässigkeit und „Herz" haben – oftmals mehr als ein vordergründig herzlicher Mensch. Dies zeigt wiederum, wie sehr wir uns hüten müssen, hier enge Bewertungsmaßstäbe anzulegen.

Die polar angelegten Strukturtypen nach Kretschmer, die ja ebenfalls aus real beobachtbaren Typen von Menschen entstanden sind, finden sich partiell auch in den komplexeren, speziell *psychoanalytisch* orientierten Persönlichkeitsmodellen wieder. Hier hat sich, psychogenetisch auf die unterschiedlichen Prägungszeiten in der frühen Kindheit bezogen, das klassische Vier-Typen-Modell der gegensätzlichen Strukturelemente herausgebildet, nämlich der schizoiden, depressiven, zwanghaften und hysterischen (histrionischen) Persönlichkeiten. Hierzu besteht ein weitgehender Konsens unter Fachleuten. F. Riemann (1979) hat diese vierfache Polarität in seinem populär gewordenen Werk vor allem unter dem Aspekt der jeweils zu bewältigenden Angst beschrieben. Von K. König (1995) wurden andererseits die konkreten Verhaltensaspekte dieser unterschiedlichen Strukturtypen analysiert, u. a. hinsichtlich des alltäglichen Arbeits- und Freizeitstils (S. 72–119).

Auch wenn sich diese einzelnen Strukturtypen mehrheitlich ebenfalls als Mischtyp finden – oder, nach Riemann (a. a. O., S. 17), als „Normalstrukturen mit gewissen Akzentuierungen" –, hilft die Kenntnis ihres psychologischen Profils sehr wesentlich, um ihr Verhalten im Einzelnen besser verstehen und so auch bewerten zu können. Dass der *depressiv* strukturierte Mensch – sofern er nicht in eine klinisch manifeste Depression abgeglitten ist (s. u.) – unter unserem Gesamtthema betrachtet, am meisten zu Herzlichkeit befähigt ist, verwundert Außenstehende immer wieder. Dies liegt aber daran, dass das warmherzige und bindungsintensive, oft auch sehr freudefähige Element meist stärker spürbar wird als der schwernehmende, ernste und selbstentwertende Wesenszug. Dies ist ein Beispiel dafür, dass eine bestimmte Ausstrahlung zwischenmenschlich sehr erfreulich und wohltuend sein kann, ohne dass ihr Hintergrund näher erkennbar ist. Demgegenüber mangelt es dem *schizoiden* Menschen durch seine innere Zerrissenheit, sein häufiges Misstrauen, seine Kränkbarkeit und seine Abgrenzungsbedürfnisse oft sehr an spürbarer Wärme, wofür er ja nicht zu belangen ist; dies gilt dann auch nicht minder für eine eventuell „ausbleibende" Herzlichkeit, als Folge solcher ungünstiger Strukturelemente. In entsprechender Abwandlung trifft dasselbe auch für andere, spezifische Wesensausprägungen zu, die zum Teil aus diesem Typus herausgearbeitet wurden. Zu nennen sind hier die sogenannten narzisstischen Persönlichkeiten und die Borderline-Persönlichkeiten, deren Profil erst seit wenigen Jahrzehnten deutlicher in das Blickfeld gekommen ist. Gerade bei letzteren fällt die eher instabile Ich-Struktur, die Unberechenbarkeit in der Kommunikation und die mangelhafte emotionale Identität ins Gewicht, wodurch tragfähige herzliche Emotionen oft kaum möglich sind (Näheres s. H. Studt, 1995, S. 169–175; O. Kernberg, 1996, S. 20 ff.).

Andererseits stellt sich bei den in der Überzahl befindlichen Mischtypen mit den beschriebenen, mehr oder weniger starken spezifischen Akzentuierungen (s. o.), in günstigen Situationen oft unerwartet ein spontaner Impuls von herzlichen Gefühlen ein. Ob dieser dann auch in entsprechendes Verhalten einmünden kann, hängt von eben dieser Situation ab. Dies gilt auch für die hier weiter zu beschreibenden Typen. Bei einem eher *zwanghaft* strukturierten Menschen ist ein solcher Impuls freilich oft gebremst durch das Bedürfnis, die gebotene Ordnung einzuhalten, auch durch die Angst, sich zu sehr gehen zu lassen, und die Unsicherheit, wie eine solche

Gefühlsäußerung wohl ankommen wird; die typische Über-Ich-Dominanz kann so z. B. den Impuls zu einer spontanen herzlichen Umarmung blockieren. Demgegenüber zeichnet sich ein Mensch mit einer eher *hysterischen (histrionischen)* Struktur gerade durch spontane, manchmal schon überschwängliche Reaktionen aus, und der Ausdruck eines herzlichen Verhaltens kann sich so sehr rasch einstellen; dennoch bleibt eine solche Gefühlswallung oft ohne besondere Tiefe, und so auch ohne Verbindlichkeit und Nachhaltigkeit, was dem unsteten Strukturelement und der Angst vor Festlegung bei diesem Typus entspricht. All diese Beispiele lassen erkennen, wie sehr ein – an sich bejahtes, erwünschtes und positiv bewertetes – Verhalten wie die Herzlichkeit durch den Strukturtypus abgemildert, gebremst, gar verhindert, oder aber ermöglicht, gefördert und zum vollen Ausdruck gebracht werden kann.

Die unterschiedliche Fähigkeit bzw. Neigung zu herzlichem Verhalten lässt sich auch noch im Rahmen anderer Strukturmodelle aufzeigen. So liegen innerhalb der polaren Ausprägungen, wie sie von C. G. Jung (1921) in die Psychologie eingeführt wurden, nämlich dem Typus des sogenannten „extravertierten" und des „introvertierten" Menschen, eine entsprechende Fähigkeit und ihre Impulse deutlicher beim *extravertierten* Typus. Die Bezogenheit nach außen, also die starke Bedeutung des Objekts, führt beim extravertierten Fühlen dazu, dass eine besondere Nähe hergestellt wird, die eine „schöne und harmonische Geselligkeit" erst ermöglicht (S. 53). Die Libido dieser Menschen ist positiv objektbezogen, und auf dieser emotionalen Grundlage, also auch dem Interesse an der Person des anderen, kann herzliches Verhalten erst gedeihen. Damit ist freilich noch nichts darüber ausgesagt, welchen Tiefgang und welche Nachhaltigkeit dieses Verhalten im Innenleben zeigt. „Herzenswärme" als innerlich erlebte Gefühlsnähe ist hier etwas anderes als sichtbares herzliches Verhalten. Im *introvertierten* Typus und seiner Grundausrichtung, der eher innerwärts gewandten Libido, kann nun gerade eine solche reiche, warme emotionale Innenwelt durchaus vorhanden sein. Sie verschafft sich aber nur schwer einen sichtbaren Ausdruck. „Die Existenz eines positiven Gefühls ist sozusagen nur indirekt zu erschließen" (S. 84). Die eher stille Art solcher Menschen, ihre Zurückhaltung und Bezogenheit auf die psychische Innenwelt, wird oft fälschlicherweise als Desinteresse und Kühle interpretiert. Dies kann zu dem Fehlschluss führen, diese Menschen seien nicht oder nur gering zu Herzlichkeit fähig, während diese hier ja nur verborgener ist. So lässt sich an diesen beiden Strukturtypen, die ja im allgemeinen psychologischen Sprachgebrauch nach wie vor ihre Gültigkeit haben, etwas Wesentliches verdeutlichen: nämlich eben die Unterscheidung von warmen, herzlichen Gefühlen als Ausdruck für erlebte Innenwelt, und andererseits von herzlichem Verhalten als Ausdruck für gelebte Kommunikation mit der Außenwelt.

Schließlich liefert auch die schon erwähnte moderne *Bindungstheorie* (s. o.) mit ihren entsprechenden Forschungsergebnissen einen wichtigen Beitrag, um die Bedingungen für innerlich erlebte und nach außen gelebte Herzlichkeit zu erhellen. Sie beruht, wie auch die psychoanalytischen Modelle, auf Prägungsvorgängen in der frühen Kindheit, hier im Besonderen im Säuglingsalter, durch die sich in diesem Lebensabschnitt ereignenden emotionalen Schicksale. Nach J. Bowlby (1969) liegt es an der Art von entstehender Bindung zwischen Säugling und primärer Bezugsperson (meist der Mutter) in den ersten Kontakt- und Beziehungsabläufen, welche innere Sicherheit und Angstfreiheit ein Mensch im späteren Leben entwickelt. Die Breite der möglichen Variationen spielt hierbei zwischen sogenannter „sicherer" und verschiedenen Formen von „unsicherer" Bindung. Aus letzteren können sich dann im Erwachsenenalter verschiedene

Arten von Bindungsstörungen entwickeln (Näheres s. K. H. Brisch, 1999, S. 35–49 und 83–91). In den konkreten Kommunikationen des Alltags, ob in lockeren Kontakten und Begegnungen oder in kontinuierlichen Beziehungen, kann dann die zugrunde liegende Angst- und Gefährdungserfahrung eben die Art von Offenheit blockieren, die für mögliche Impulse zur Herzlichkeit Voraussetzung ist. Hier schließt sich der Kreis der psychogenetischen und psychodynamischen Zusammenhänge im Blick auf das, was schon früher mit dem bekannten Element des „Urvertrauens" nach E. Erikson (s. o.) beschrieben wurde. Offen sein, Vertrauen haben, Bindung eingehen, das „Herz" öffnen können: All das kann nur dort gelingen, wo Angst, Misstrauen und Unsicherheit einigermaßen bewältigt sind. Und nicht jeder Mensch zeigt eben eine Struktur, die dies auch möglich macht.

Wenn nun, wie schon oben ausgeführt, der eher *depressiv strukturierte* Mensch am meisten die Fähigkeit zu einer offenen und warmen, dabei „echten" und nachhaltigen Herzlichkeit mitbringt, so hat dies in seinem Wesen und Erleben gleichwohl auch eine problematische Kehrseite. Mit depressiver Struktur ist ja nicht etwa eine Depression als Krankheit mit ihrer typischen episodischen Symptomatik gemeint (s. o.). Vielmehr handelt es sich um durchgehende wesenhafte psychische Elemente und Muster, die sich dann eben in einer Depression enorm verstärken können. Mit ihren – prädepressiven – Alltagsmustern quälen sich aber viele depressiv strukturierte Menschen auf ihre Weise oft mit großer innerer Beeinträchtigung durch den „normalen" Alltag. Die Umwelt bemerkt hiervon – gerade von dem schwernehmenden, schuldbewussten und selbstentwertenden Grunderleben (s. o.) – oft nur wenig oder gar nichts. Hingegen werden die anderen, positiven Eigenschaften oft sehr geschätzt: Die Fähigkeit zur Hingabe, die spürbare Ernsthaftigkeit, Verlässlichkeit und Güte, vor allem die Neigung, intensive Nähe herzustellen, auf der ja die Herzlichkeitsimpulse beruhen. Doch gerade diese Wesenselemente erwachsen meist aus einer Grundangst vor Liebesverlust, der enormen Trennungsangst solcher Menschen und dem Bedürfnis, symbiotische Beziehungen einzugehen. Nach F. Riemann (a. a. O.) bekommt auch der jeweilige Partner einen „Überwert", aus Abhängigkeit heraus und aus dem „Wunsch nach vertrautem Nahkontakt" (S. 59), in dem die Trennungsangst aufgehoben ist.

Die schon von Kindheit an bestehende Aggressionshemmung, die Unfähigkeit, „Nein" zu sagen und sich zu wehren, entsprechen dieser Grundangst, nämlich durch Widerspruch und Beharrlichkeit den anderen Menschen zu kränken und ihn dadurch zu verlieren. Indem das positive Gefühl entsteht, akzeptiert zu sein, wird so auch das meist eher gering ausgeprägte Selbstwertgefühl gestützt. Diese Psychodynamik führt so „durch Vermeidung von selbstbehauptenden Auseinandersetzungen und größerer Selbständigkeit zu übermäßiger Anpassung, Bescheidenheit und Gefügigkeit" (H. Studt, a. a. O., S. 174). Es ist durchaus wichtig, zu wissen, dass unmittelbare herzliche Impulse und die mit ihnen als so wohltuend erlebte warme Zuwendung eines anderen Menschen häufig auch aus einer angstbezogenen psychischen Verfassung und Dynamik erwachsen, also einen Kompensationsvorgang zur besseren Lebensbewältigung darstellen. Die menschliche und sozial positive Bewertung des herzlichen Verhaltens liegt dabei, unabhängig von seiner Entstehung, auf einer völlig anderen Ebene. Viele unserer durch die Evolution und Sozialisation hervorgebrachten Reaktions- und Verhaltensmuster können auf eine kompensatorische Angst- oder Vermeidungs-Dynamik bezogen werden, und sie gelten dennoch als förderlich und wichtig für die soziale Kommunikation. Die entscheidende Frage ist, wie gut sich das Gleichgewicht zwischen Einschränkung und Entfaltung, zwischen Leiden und Freuden, zwischen Verzicht und Gewinn jeweils gestaltet, und was sich im menschlichen Zusammenleben für alle Beteiligten am besten auswirkt.

Die Fähigkeit zur Herzlichkeit, als positiver Endstrecke aus einer komplexen, teils bewussten, teils unbewussten Entstehung und Dynamik seelischer Vorgänge, steht jedenfalls auf der Seite der generellen Wertschätzung für das menschliche Zusammenleben. Dass sie sehr von den jeweiligen Strukturtypen und ebenso auch von der einzelnen Situation abhängt, dementsprechend also sehr unterschiedliche Bedingungen für ihr Entstehen hat, gehört nun einmal zur Vielfalt des menschlichen Lebens. Das Wissen um eine so unterschiedliche, weithin konstitutions- und biographiebezogene Ausprägung dieser Fähigkeit sollte uns sehr vorsichtig machen, Menschen wertend zu beurteilen, denen Herzlichkeit wenig gelingt. Aber gefördert und gefordert werden kann und darf sie allemal, eben innerhalb des individuellen Spielraums, den die Psyche eines jeden Menschen hat. Es liegt nahe, hierbei an das bekannte Gleichnis Jesu von den Talenten zu erinnern (Mt. 25, 14 ff.), das von solchen unterschiedlichen Gaben und Begabungen und von unserem Umgang damit handelt. – Fazit aus alledem: Auch in ihren Fähigkeiten, Bedürfnissen und Möglichkeiten zum Herzlichsein sind die Menschen eben verschieden.

Spontane und gewollte Herzlichkeit

In Gesprächen über das Thema „Herzlichkeit" begegnet immer wieder das Argument, wenn, dann müsse Herzlichkeit spontan, ganz von selbst und ohne willentliches Dazutun direkt aus dem Inneren des Menschen kommen, gewissermaßen unmittelbar „aus dem Herzen" fließen. Alles andere sei unecht, nur „gemacht", sei Maske und Täuschung, Vorspiegelung von nicht vorhandenen Gefühlen. Und ein solches

Verhalten sei viel schlimmer als spontane schlechte Laune und Reserviertsein, als Unfreundlichkeit und Kälte; denn dies würde dann wenigstens die echte innere Gemütslage eines Menschen widerspiegeln. Eine solche Sichtweise ist durchaus verständlich, besonders wenn sie durch die Erfahrung entsteht, emotional getäuscht worden zu sein. Doch abgesehen von der Verallgemeinerung, die in solchen Worten liegt, steht hinter dieser Argumentation unverkennbar ein klassisches „Entweder-Oder"-Denken: Entweder zeugt ein Verhalten von spontaner, direkt aus dem tieferen Inneren kommender und damit „echter" Herzlichkeit, oder es ist keine wirkliche Herzlichkeit. Ein Denkschema dieser Art ist für psychische Zusammenhänge meist ungeeignet, es vermag keineswegs die Komplexität menschlicher Emotionalität, wie sie auch hier gegeben ist, abzubilden und zu deuten.

Das schwierige Thema der „Echtheit" hat zwar herkömmlicherweise weder Philosophie noch Psychologie eingehender interessiert, doch spielt es in den vielfältigsten alltäglichen Situationen unverkennbar eine große Rolle. Dass ich das Bedürfnis habe, mich der „Echtheit" einer Einstellung, einer Kommunikation, einer Geste oder sprachlichen Äußerung eines Menschen zu vergewissern, ist gewiss verständlich. Ich fühle mich zurückgesetzt, missachtet und gekränkt, wenn ich das Verhalten eines anderen Menschen mir gegenüber als „unecht", gar als Täuschung erlebe oder meine, dieses so deuten zu müssen. Doch die eigentliche Frage ist, ob sich „Echtheit" und „Spontaneität" so einfach gleichsetzen lassen, wie es häufig geschieht, und ob nicht auch ein Verhalten, ein emotionaler Akt, „echt" sein kann, wenn ich mir hierzu eine Art „inneren Anstoß" geben muss. Die so unterschiedlichen sozialen Verhaltensmuster, die alle als Möglichkeit in uns bereitliegen, und die dabei alle zu unserem reichhaltigen inneren Repertoire gehören, verlieren ja nichts an Ich-Identität, wenn sie erst durch einen äußeren oder aber auch inneren

Anstoß aktiviert werden. Wie arm und schroff wäre unsere Welt, wenn wir nicht die Wahlmöglichkeit hätten, freundlich oder abweisend zu blicken, rücksichtsvoll oder rücksichtslos zu sein (s. u.).

Einer der wenigen Autoren, die sich mit dem Thema der Echtheit ausführlich befasst haben, H. Stoffer (1963), sieht dort Echtheit, wo der Mensch „sich im rechten ‚Wie' mit sich selbst zusammenfindet" (S. 44); in dieser etwas schwierigen Formulierung ist ebenfalls eine aktive innere Bewegung und Veränderung angesprochen, die aber dennoch auf Ich-Identität im Verhalten hinzielt. Stoffer untersucht die Echtheit vor allem in Gesprächs- und in Beziehungssituationen, stets im Bewusstsein der Schwierigkeit einer klaren Definition. Man könne auch „indirekt die entsprechenden echten Gesinnungen begünstigen, einen Boden für sie bereiten, auf dem sie gedeihen können, aber nicht notwendig gedeihen müssen"; der Mensch könne ein „Echtheitsstreben" entwickeln, „das ihn im bestimmten Falle zu einer Bewegung seiner selbst als eines Ganzen in Richtung auf das echte Gefühl" veranlassen werde (S. 35). Auch hier, in diesem etwas gewundenen, aber durchdachten Gedankengang, ist von situativer Veränderbarkeit ohne Verlust der Echtheit die Rede.

Konkret: Es kann mich doch jemand, der mich in distanzierter, verhaltener oder mürrischer Stimmungslage antrifft, durchaus auffordern, etwas freundlicher und zugewandter zu sein. Wir gestehen einem Menschen, zu dem wir eine gute Beziehung haben, einen solchen „naiven" Imperativ ja auch zu – und wenn wir nur wollen, können wir diesem ein Stück entgegenkommen. So gibt es auch nach Meinung von Karl Jaspers (1922) in der „Stellung zu sich selbst" einen „Willen zur Echtheit", gerade aus der Erfahrung des Unechten heraus (S. 35). Unsere Gemütslagen sind ja keinesfalls unabänderlich fixiert, sie können in kürzester Zeit – von innen oder durch äußeren Einfluss – ihren Charakter und ihre Zusammensetzung ändern. Ohne damit das ungelöste philosophische und psychologisch-physiologische Grundproblem der Willensfreiheit, also die Frage einer allgemeinen Determiniertheit, berühren zu wollen: Die Alltagserfahrung zeigt, dass wir uns in einem unentwegten Wechselspiel von spontanen emotionalen Verfassungen und von situationsabhängig ausgelösten, reaktiven Zuständen befinden – und das, ohne dass wir uns verstellen müssen, und ohne an jeweiliger Echtheit zu verlieren. Natürlich kann ich nicht zu einem schwer depressiven Menschen sagen, er solle doch fröhlicher sein und nicht so verschlossen schauen – wie es leider so oft und in so unsinniger Weise seitens der Umwelt geschieht. Aber ich kann einen momentan mürrischen oder auch nur eher introvertierten, im Übrigen aber gesunden Menschen durchaus ermuntern, freundlicher zu sein und sich für mein Anliegen zu öffnen, auch wenn es ihm zunächst Mühe macht. Aus diesen Unterscheidungen ergeben sich aber wichtige Konsequenzen für unser Thema.

Wenn ein Appell an einen Menschen, er möge sich doch, zumindest jetzt, etwas leiser, zugewandter oder freundlicher verhalten, von diesem prinzipiell und gewollt mit einer entsprechenden Verhaltensänderung beantwortbar ist, ist dann auch ein ähnlicher Appell an ihn, er solle doch „herzlicher" sein, möglich und prinzipiell erfüllbar? Zweifellos liegt die emotionale Schwelle zur Herzlichkeit hin höher, ein solcher Appell geht mehr in die Innerlichkeit als bei der „bloßen" Freundlichkeit, es kommt hier mehr „Herz" ins Spiel. Trotz der Verwandtschaft beider Verhaltensweisen und der ihnen entsprechenden inneren Vorgänge (s. 4.) empfinden wir den Appell nach mehr Herzlichkeit als problematisch, als weniger gut und stimmig erfüllbar, eben wegen der genannten höheren Hürde im Innerseelischen. So lässt sich z. B. die allgemeine – und als solche ja schon recht schwer erfüllbare –

Anforderung an eine Verkäuferin im Supermarkt, sich dem Kunden gegenüber grundsätzlich freundlich zu verhalten, berufsbedingt noch einigermaßen rechtfertigen. Eine ähnliche Aufforderung jedoch, dem Kunden gegenüber dauerhaft herzlich zu sein, empfinden wir hingegen als wirkliche Überforderung. Hier wird es deutlich: Dem Herzen kann man nicht einfach befehlen.

Wenn schon, dann ist ein solcher Anstoß, eine solche Aufforderung viel eher als Eigen-Appell möglich, als Aufforderung, die eigene Einstellung zu verändern. Nicht auf eine andere Autorität, nicht auf den freundlichen Wunsch eines anderen Menschen hin, sondern als Selbstaufforderung, aus Selbsteinsicht, aus dem eigenen Zulassen bereitliegender innerer Möglichkeiten kann ich mein Verhalten am ehesten variieren. So gebe ich möglichen, nur schlummernden Ich-Anteilen, in denen mehr Wärme, Wohlwollen, Wertschätzung, vielleicht einfach mehr Liebesfähigkeit und Lebensfreude bereitstehen, inneren Raum. In jedem Menschen gibt es solche Anteile, auch angesichts der schlimmsten Schicksale, in der dunkelsten psychischen Biographie. Dies ist eine klare Erfahrung aus der Psychotherapie und Tiefenpsychologie (s. u.). Das Liedgut, vor allem das religiöse, zeugt in besonderem Maße von dieser Fähigkeit des Selbstzuspruchs und der Selbstaufforderung und lebt dabei von einer Art innerer Zwiesprache zwischen den inneren Ich-Teilen. Dieses Modell findet sich schon in den Psalmen des Alten Testaments. In vielen Liedern Paul Gerhards (1607–1676) wird es besonders deutlich und ergreift den Hörer unmittelbar: „Wach auf, mein Herz und singe ...", „Geh' aus mein Herz und suche Freud ...", „Du meine Seele singe, wohlauf und singe schön ..." (Evangel. Gesangbuch, Nr. 446, 503, 302). In solchen Selbstaufforderungen spricht der eine Teil des „Selbst" oder des Ich zu einem anderen Teil, den er ermuntert und dem er auch zutraut, wach und aktiv zu werden. Aber es bleiben immer die eigenen seelischen Teile, die hier miteinander kommunizieren; die Ermunterung und das Erwecken von Freude und Gesang bleibt echt, und noch mehr, die angestoßene Veränderung führt erst in die volle Lebendigkeit des ganzen Menschen, in die Fülle der ihm individuell möglichen emotionalen Tonarten und Gefühlslagen.

Die hier angesprochene Möglichkeit, durchaus verschiedene und dabei durchaus eigene, „echte" seelische Anteile zu aktivieren und emporkommen zu lassen, weist auf eine grundsätzliche Fähigkeit unserer seelischen Strukturen hin. Variabilität und Flexibilität gehören zur gesunden Psyche, sie machen einen der wesentlichsten Unterschiede zum Pathologischen aus: je kränker, desto eingeengter, desto festgelegter, desto weniger willentlich veränderbar sind die jeweiligen Erlebnis- und Verhaltensformen, ob es sich um Wahn, Zwang und Angst, oder um Sucht, Triebregungen und Depression handelt. Immer zeigt sich, völlig abgesehen von den jeweiligen Inhalten und Lebensthemen, ein Gefangensein und Festgelegtsein in bestimmten engen Reaktions- und Erlebnismustern. Vor allem die direkte Begegnung mit psychisch Kranken führt so oft zu dem unmittelbaren und beklemmenden Eindruck, dass dieser andere Mensch aus sich heraus so gut wie unfähig ist, seine anderen Seiten und Anteile, die er ja genauso in sich trägt, sichtbar und wirksam werden zu lassen. Die psychiatrische Fachliteratur bestätigt dies in umfangreicher und detaillierter Weise (Näheres s. V. Faust, 1995, S. 111–116, 269–274, 463–468, 819–824; P. Berner, 1986, S. 719 ff.; H. Witter, 1986, S. 619–621). Vor diesem psychopathologischen Hintergrund wird, wie so oft, die Funktion und ein Teil des Wesens von Gesundheit besonders deutlich: nämlich die schon erwähnte Flexibilität und Variabilität von Seelenzuständen, ein Stück Freiheit und Selbstgestaltungsfähigkeit in Bezug auf das eigene Reaktions- und Verhaltensrepertoire also.

Vielerlei „Psychotechniken" befassen sich mit solchen Fähigkeiten und haben sie z. T. umfassend ausgebaut. Oft stehen auch uralte, in den jeweiligen Kulturen über Jahrhunderte und Jahrtausende entstandene Methoden der Selbstentwicklung und Seelenreifung hinter ihnen. Hierher gehören zahlreiche Meditationsformen, ebenso auch Atmungs-, Entspannungs- und Harmonisierungstechniken wie z. B. Yoga oder Jacobson'sche progressive Muskelrelaxation, auch Tai Chi und Chi Gong, ferner die Vielzahl der sogenannten „Erfolgssysteme" und systematischen Selbstbeeinflussungstechniken, bis hin zum sogenannten „positiven Denken" oder „konstruktiven Denken" (s. P. Kummer, 1992, S. 111). Sie alle wollen ein besseres Lebensgefühl, einen positiveren Gemütszustand, mehr Selbstvertrauen und meist auch mehr Gelassenheit ermöglichen, und alle basieren sie auf der grundsätzlichen Chance zu einer solchen positiven Veränderung von Reaktionen und Verhaltensweisen in der täglichen Begegnung der Menschen untereinander. Am differenziertesten haben jedoch die verschiedenen Hypnose-Techniken die Fähigkeit zur Veränderung von Befindlichkeit, Körperzustand und psychischem Erleben entwickelt. Die Zielsetzung kann dabei im engeren Sinn auf Symptome (z. B. Angst, Schmerz, Körperveränderungen) bezogen sein, oder aber auch auf zwischenmenschliche Verhaltensmuster und Blockaden. Solche psychischen Prozesse können sowohl in Form der klassischen Fremd-Hypnose (Hetero-Hypnose) oder auch in Form der Selbst-Hypnose (Auto-Hypnose) geschehen; so wurde auch das Autogene Training, das bei uns weite Verbreitung gefunden hat, als Form der Auto-Hypnose von J. H. Schultz (1932/1964) über seine langjährigen Erfahrungen mit der Fremd-Hypnose aus dieser heraus entwickelt (Näheres zum Thema Hypnose s. Chr. Kossak, 1997; W. B. Bongartz, 2000; G. Hole, 1997).

Alle diese Techniken haben – mit unterschiedlichem Erfolg, aber doch mit grundsätzlicher Wirksamkeit – die Steigerung des seelischen Wohlbefindens zum Ziel, also die Ausrichtung auf das Positive, auf mehr innere Ruhe und Freudefähigkeit. Und solche Positivierungen sind auch, wie die Erfahrung und die vielerlei Methoden klar zeigen, weithin trainierbar und als Einstellungsmuster bahnbar. Dies kann den Gesichtsausdruck und das Körpergefühl ebenso umfassen wie die Stimmungslage und das vorherrschende innerpsychische Erleben. Im Übrigen hat auch jede Art von Psychotherapie, was auch ihr primäres, konkretes Nahziel sein mag, als Fernziel mehr Wohlbefinden, Selbständigkeit und die Verbesserung des Umgangs mit den Mitmenschen zum Inhalt. Und eine solche Veränderung stört nicht etwa die Echtheit, sondern fördert im Gegenteil die eigenständige, personale, „wirkliche" Echtheit. Natürlich gelten solche Änderungen trotz allem oft nur für einen eng begrenzten Zeitraum. Die Persönlichkeitsstruktur (s. o.) setzt auch hier ein entsprechendes Limit. Dies gilt ja ebenso für all die vielen und oft sehr tiefgehenden Impulse, die von den Religionen ausgehen (s. u.), betreffen sie nun die religiöse Erziehung oder die später erworbene Einstellung und Überzeugung.

Zurück zur Herzlichkeit, speziell auch zu der Frage, ob es auch, im Unterschied zur „spontanen" Herzlichkeit, eine „gewollte" Herzlichkeit geben kann. Ungeachtet dessen, was hier über die vielerlei Beeinflussungsmöglichkeiten des Erlebens und Verhaltens grundsätzlich gesagt wurde: die Frage ist berechtigt, ob der Bereich der Herzlichkeit von solchen Möglichkeiten doch eher ausgenommen bleibt, vielleicht wegen der besonderen Nähe zum – symbolischen – „Herzen", zum Kern der Person. Lässt sich Freundlichkeit vielleicht einigermaßen trainieren oder wenigstens anregen, wie sie ja z. B. im Beruf der Verkäuferin eigens erwünscht ist, Herzlichkeit aber nicht? Ich bin ja auf diesen Unterschied bereits zu sprechen gekommen. In der konkreten sprachlichen Formulierung empfinden wir ihn jedenfalls noch deutlicher. Wir könnten es einigermaßen annehmen oder gar umsetzen, wenn uns jemand auffordert: „Sei doch etwas freundlicher!" – aber die Aufforderung: „Sei doch etwas herzlicher!", verlangt uns, wie gesagt, mehr ab, stößt eher auf eine innere Barriere, ruft vielleicht sogar ein Gefühl des Erzwungenwerdens oder der momentanen emotionalen Überforderung hervor. Es ist nun einmal im affektiven Bereich nicht alles leistbar, was andere von uns erwarten.

Ganz anders stellt sich die innere Situation jedoch dar, wenn ich „ein Stück" Herzlichkeit bei einem bestimmten Anlass in mir selbst anstoße, entbinde, aktiviere, eben weil ich es möchte: Ich begegne z. B. einem Menschen, den ich schätze und liebe, bin aber, aus welchen Gründen auch immer, momentan in einer gedrückten, verärgerten, verschlossenen Verfassung, möchte mich ihm jedoch so nicht zumuten, sondern ihm in gewohnter Herzlichkeit begegnen; in dieser Situation kann die hier beschriebene Wandlungsfähigkeit und Flexibilität zum Tragen kommen. Ein entsprechender Anstoß liegt ja auch schon in der positiven Anregung, die von der Begegnung selbst ausgeht. Und natürlich kann ich auch den ganz anderen Weg einschlagen und meine gegenwärtige negative Stimmung als Ich-Botschaft einfach offen schildern; aber auch hierin liegt ja schon der Ansatz eines Brückenschlags auf mehr Nähe und Herzlichkeit hin. Der Unterschied zur „Heuchelei" liegt darin, ob ich mich dennoch „echt" fühle, so, dass die Begegnung emotional stimmig ist. Psychologisch handelt es sich einfach um eine aktiv eingeleitete partielle Umschichtung von seelischer Befindlichkeit im Rahmen der mir gegebenen Möglichkeiten überhaupt, und dies liegt nun einmal im Wesen und im Reichtum des gesunden Seelenlebens. So kann der Apostel Paulus im Brief an die römische Gemeinde durchaus sagen: „Die brüderliche Liebe untereinander soll herzlich sein" (Röm. 12, 10), nachdem er kurz zuvor gemahnt hatte: „die Liebe sei unheuchlerisch" (V. 9); das griechische Wort für „herzlich" (philostargos) kann hier auch die Bedeutung von „zärtlich" oder „traulich" haben (s. 3.).

Unter all diesen Gesichtspunkten lässt sich denn auch die anstehende Frage einigermaßen gültig beantworten: Es gibt, außer der „spontanen", direkten Herzlichkeit, auch eine „gewollte", angestrebte Herzlichkeit, die aber dennoch im Bereich echter Herzlichkeit bleibt. Und welch enorme Bedeutung dieser Fähigkeit im sozialen Zusammenleben zukommt, dürfte augenfällig sein. Wie würden die Menschen miteinander umgehen, wenn wir das nicht auch könnten: aus Gehemmtheit und Ängstlichkeit, aus Missmut und Eingesponnensein in widrige Gefühle heraustreten und sich herauslösen? Zu dieser Fähigkeit zur partiellen Flexibilität und inneren Freiheit gehört nun ganz besonders auch die Fähigkeit zum Herzlichsein, als ein Zeichen des „Menschlichen" überhaupt. Weithin hängt es ja einfach auch vom Wollen ab.

3.
Herzlichkeit in alltäglichen Begegnungen

„Herzenswärme" und „Herzenskälte":
Elemente zwischenmenschlicher Begegnungen

Wir verstehen unmittelbar, was mit den beiden Begriffen gemeint ist – und gleichzeitig findet in uns bei dieser Polarisie-
rung auch eine klare Bewertung statt: zwischen erfreulich
und unerfreulich, erwünscht und unerwünscht, gar gut und
böse, menschlich und unmenschlich. Dies bestätigt den schon
eingangs angesprochenen Hintergrund, nämlich unsere Sehnsüchte nach einer besseren Welt, die eben vor allem auch eine
Welt der Geborgenheit, der emotionalen Wärme, der wohltuenden Herzlichkeit unter Menschen sein soll. Dass wir
gleichzeitig sowohl „Herz" als auch „Wärme" wie selbstverständlich und stimmig in eine so enge Beziehung zueinander
bringen können, zeigt, welche Macht die Symbolik der körperlichen Realität auf unser Denken und Fühlen hat. Wir verbinden ja „Herz" gefühlsmäßig schon mit „warm" – „warmherzig" und „Herzenswärme" stellen also noch eine Steigerung dar, vielleicht auch noch mit der impliziten Aussage,
dass man eine solche innere Bewegung bei jemandem auch
direkt spüren kann. „Herz haben", „warmherzig sein" und
„Herzlichkeit zeigen" bewegt sich so auf einer Linie immer
besserer Wahrnehmbarkeit und Deutlichkeit. Auf dem negativen Pol kann man eine ebensolche Reihe formulieren, wenn
auch mit weniger geläufigen Begriffen (s. u.).

Einen sehr packenden Ausdruck hat diese polare Thematik
schon im Alten Testament bei dem Propheten Hesekiel gefunden: „Ich ... will das steinerne Herz aus eurem Leib weg-
nehmen und euch ein fleischernes Herz geben" (Hes. 11, 19).

47

Statt „warm"– „kalt" begegnet hier die Symbolik „fleischern"–
„steinern", und auch sie ist unmittelbar verständlich, vielleicht in der Aussage noch extremer. Es klingt hier wiederum
das beschriebene, alte Sehnsuchtsbild nach „Herz" oder „mehr
Herz" in einer kalten, „steinernen" Welt an, gemalt in escha-
tologischen Farben, und vorgetragen in prophetischer Ge-
wissheit. Es wird hier zwar eine religiöse Vision deutlich, die
weit über das hinausragt, was wir mit der Thematik „Herzlichkeit" in unserem Zusammenhang zu umkreisen versuchen, doch berührt sich beides eben in der Grundsymbolik
von „Herz": dass dieses eindeutig für das Element des Guten
und Echten, auch des Nahen, und überhaupt des Barmherzigen und Menschlichen steht.

Unabhängig von der aufgezeigten Rolle der primären Persönlichkeitsstruktur für die Fähigkeit zur Herzlichkeit (s. o.):
Menschen, die ihr „Herz" sprechen lassen können, die sich
etwas ans „Herz" gehen lassen, die sich jemandem spontan
zuwenden, der das nötig braucht, solche Menschen haben
für unser Verständnis „Herzenswärme", sie verkörpern das
beschriebene „fleischerne" Herz. Und unmittelbar hiermit
verbindet sich das, was wir unter „Barm-herzigkeit" verstehen, eben die warme – und tätige – Zuwendung zu einem,
der bedürftig ist, auf welcher Ebene auch immer. „Barmherzigkeit" (aus dem gotischen „armahaerts") entspricht dem
lateinischen „misericordia" („ein Herz für die Elenden haben"). Und diese Einstellung ist es, die sich zum einen als
Forderung, als Imperativ, als ethisches Gebot, und zum anderen als spontanes menschliches Verhalten, als Reaktion
„aus dem Herzen", durch die Religions- und Menschheitsgeschichte zieht. Vom Propheten Amos („Ich habe Lust an
Barmherzigkeit, und nicht am Opfer"; Am. 6, 6) über die
zentralen Elemente in der Predigt Jesu (z. B. die Geschichte
vom barmherzigen Samariter; Luk. 10, 30–37; s. auch 6.)
und durchgängig durch alles diakonische, karitative und

sonstwie auf menschliche Zuwendung ausgerichtete Tun: Es ist nicht das Wesentliche, wie spontan oder wie gewollt die Zuwendung ist (s. 2.), sondern ob sie in irgendeiner Weise „Herzenswärme" verkörpert, ob sie „Barm-Herzigkeit" spüren lässt.

Im Gegenpol, für den der Ausdruck der „Herzenskälte" steht, erleben wir demgegenüber all die Elemente, die das Unanrührbare, Abweisende, Schroffe, Unbarmherzige, das „steinerne Herz" ausmachen. Es wäre naiv, eine solche Einstellung einfach nur auf einen bestimmten Typus von Menschen zu beziehen, hier also zu gruppieren. Wie schwierig es schon grundsätzlich ist, „Herzlichkeit" einfach einer bestimmten Persönlichkeitsstruktur zuzuschreiben, wurde schon dargelegt (s. 2.). Es gibt nicht einfach die Gruppe der „Warmherzigen" und die der „Kaltherzigen" – das entspräche einem personalen ethischen Dualismus schlimmster Art, ähnlich der naiven, wenn auch freilich oft so formulierten Einteilung der Menschen in „gute" und „böse". Vielmehr – dies braucht hier nicht weiter ausgeführt oder gar begründet zu werden – geht die Trennlinie durch uns alle hindurch, und dies in einem höchst komplizierten Verlauf, quer durch die Ober- und Unterschichten unserer Psyche, voll von Winkelzügen und Selbstrechtfertigungen, je nach affektivem Impuls oder Interessenlage.

Niemand möchte seiner Grundnatur nach als kaltherzig und unbarmherzig oder als herzlos und „herzenssteinern" gelten. Es hat etwas „Unmenschliches" an sich. Für Menschen, von denen es heißt, sie seien „eiskalt", ist dies ein höchst abwertendes Urteil. Manchmal kann eine solche Haltung freilich als „Imponier-Maske", als Zeichen scheinbar gelungener „Coolness" (s. 6.) dienen, oder sie ist mit taktischen Zwecken verbunden, nicht selten auch zur Verdeckung ganz besonders „weicher" Seiten der Persönlichkeit. Die elementare Bedürftigkeit, die in der menschlichen Natur liegt, lässt es kaum zu, dass sich nicht immer wieder, besonders aber in engen Beziehungen (s. 4.), selbst bei scheinbar enorm schroff-kalten Menschen, Zeichen der Öffnung, Zuwendung und Herzenswärme finden. In der Regel jedenfalls stecken in uns beide, wenn auch noch so gegenteilige Möglichkeiten und Elemente. Wir können uns das eine Mal eher kaltherzig, stur, unanrührbar und mitleidslos spüren und verhalten, das andere Mal wiederum warmherzig, ansprechbar, berührt und mitfühlend; und diese emotionalen Anteile können auch ineinanderfließen oder sich aber ambivalent zeigen. Und wir wissen, wie groß in dieser Hinsicht die Unterschiede von Mensch zu Mensch sind.

Unsere jeweilige psychische Verfassung wird dabei durch ein komplexes Geflecht von augenblicklicher Stimmung, struk-turellen Eigenheiten und situativen Faktoren geprägt, wobei es oft nur unzureichend gelingt, die jeweils wirksamen Ele-mente im Einzelnen deutlicher zu benennen. Dass sich bei ein und demselben Menschen in kürzester Zeit ein solcher Wandel von einem herzlichen Offensein zu einem kühlen Verschlossensein vollziehen kann, ist letztlich Ausdruck der Unbeständigkeit seelischer Verfassungen überhaupt. Er ist so mithin Zeichen unserer Unvollkommenheit, und besonders auch der Unausgeglichenheit und Widersprüchlichkeit unse-rer Regungen.

Man muss nicht die Extrembeispiele hierfür heranziehen, wie z. B. den KZ-Aufseher, den das schreckliche Leid um ihn herum, und auch das von ihm selbst verursachte Leiden hilf-loser Menschen anscheinend völlig kalt und unberührt lässt; und der dann auf einer anderen Begegnungsebene, im Kame-raden- und Familienkreis, offen und berührbar, ja geradezu weich und herzlich sein kann. Tagsüber Grausamkeiten voll-bringen und abends Bach-Musik hören, Menschenhass und Tierliebe, Barbarisches und Geistiges eng beisammen, so sind die Gegensätze in der menschlichen Psyche nun einmal beschaffen, ganz gleich, welche Außeneinflüsse, Motive und Ideologien dabei noch mitwirken.

In milderer Form ist dieses Phänomen ja weit verbreitet, in uns und bei anderen, und damit also fraglos bekannt: Erfahre ich vom Leid eines anderen Menschen, oder begegne ich diesem direkt, so kann sich in mir spontan Mitgefühl, herzliche Zuwendung oder das Bedürfnis zu helfen rühren; sitze ich abends vor dem Fernseher und erfahre weitaus Schrecklicheres, so kann dies eigentümlich fern bleiben, ich nehme mit dem Kopf alles auf, mein Herz aber rührt sich wenig, mein eigener Lebenskreis bleibt unberührt. Der Bettler am Straßenrand, der Hilfeaufruf per Post, die Spendensammlung an der Haustür, die direkte Begegnung mit welcher Not auch immer: unsere innere Reaktion, subtil oder deutlich, kann in Richtung Abwehr oder Offenheit, „Herzenskälte" oder „Herzenswärme" gehen – jedenfalls sind beide Möglichkeiten in uns da. Dies kann, sehr widersprüchlich, auch gleichzeitig geschehen, was wir bei anderen meist deutlicher wahrnehmen als bei uns selbst. Unsere eigenen Argumente und Begründungen für unsere Reaktion haben ja gerade oft das Ziel, zu verschleiern, welchen emotionalen Ursprungs diese tatsächlich sind.

Eine Tante von mir, die noch nichts von ihrem reichen Besitz verloren hatte, wurde kurz vor Kriegsende von zwei aus einer bombardierten Stadt evakuierten Frauen um etwas Unterwäsche gebeten. Sie war von der Erzählung der schlimmen Kriegserlebnisse der jetzt mittellosen Frauen so berührt, dass sie mit ihnen weinte. Aber sie weigerte sich, auch nur ein einziges Wäschestück abzugeben, mit der Begründung, sie habe dann zu wenig Teile für den täglichen Wäschewechsel, denn sie wasche ja nur alle zehn Tage. Gerührt sein, Offenheit, Mitleid, „Herzenswärme" als emotionale Reaktion auf der einen Seite, und gleichzeitig Rückzug von diesem Angerührtsein, Verweigerung, „Herzenskälte", Abwehr als letztliche Reaktion, und dies auch mit der passenden Argumentation – wir kennen solche Widersprüchlichkeiten in den unterschiedlichsten Formen.

Von einer solchen tiefen Polarität und Ambivalenz emotionaler Impulse auszugehen, heißt ganz einfach, psychische Realitäten anzuerkennen. Beides liegt in uns, beides sind Elemente zwischenmenschlicher Begegnungen und Beziehungen. Aus dieser Erfahrung heraus wird aber auch deutlich, dass es zu einer Sache der bewussten Lebensgestaltung, ja manchmal der direkten Entscheidung werden kann, welche der beiden Reaktionsmöglichkeiten wir für uns in bestimmten Situationen „kultivieren" oder „favorisieren". Die spontanen, unmittelbaren Richtungsimpulse – „warm" oder „kalt" – sind einfach da, ihr Auftreten an sich haben wir nicht in der Hand. Doch wir können versuchen, uns den jeweiligen Möglichkeiten bewusst zu öffnen oder aber zu verschließen. Denn andernfalls wären wir wirklich nur die Funktion oder der Spielball emotionaler Primärreaktionen. Dies berührt auch wieder direkt die Erkenntnisse, die bei den Ausführungen um „spontane" oder „gewollte" Herzlichkeit deutlich wurden (s. 2.): Soweit psychische Freiheiten überhaupt möglich sind, sind auch Gestaltungsmöglichkeiten auf der Ebene des „Herzlichkeitsverhaltens" und der „Herzenswärme" möglich.

Begegnungsängste und Aggressivität:
Die inneren Gegenspieler der Herzlichkeit

Wie oft geschieht es, dass eine einfache Begegnung zwischen zwei Menschen eigenartig verhalten oder blockiert verläuft, ganz unabhängig davon, ob sie einander kennen oder nicht. Welches Maß an Zurückhaltung, wie viel Scheu und Un-

sicherheit kann hierbei am Werk sein, wie viel Abtasten, Ab-
warten und Zögern, bis in die Art der körperlichen Bewegungen hinein. Das Tragische – in einem gewissen intrapsychischen Sinn sei dieses große Wort hier durchaus erlaubt – ist
ja dann meist, dass dieser Vorgang beidseitig abläuft, spiegel-
bildlich, sich oft noch gegenseitig verstärkt und damit noch
mehr blockiert. Keiner oder keine von beiden will das so,
aber es geschieht.

Wohlgemerkt, es ist hier zunächst nicht von begründeter Vor-
sicht, von feindseliger Atmosphäre oder gar schlechter Vor-
erfahrung und Vorgeschichte die Rede. Selbstverständlich ge-
bietet uns unser Schutz- und Sicherheitsbedürfnis, dass wir
uns nicht leichtfertig anderen Menschen ausliefern, deren
Einstellung zu uns negativ oder feindselig ist, oder die uns
zu ihrem Vorteil ausnützen wollen. Das kann sich auf beruf-
liche Verhandlungen, private Geschäfte und gesellschaftliche
Veranstaltungen ebenso beziehen wie auf dubiose, unkalku-
lierbare Begegnungen und direkte verbale oder körperliche
Konfrontationen. Die Furcht vor solchen Möglichkeiten, die
zum eigenen Nachteil ablaufen können, ist ein sinnvolles
Warnsignal, und die Schutzhaltung zu ihrer Vermeidung und
Abwehr eine ebenso sinnvolle Reaktion.

Der hier genannten und gemeinten beidseitigen Begegnungs-
scheu liegt etwas ganz anderes zugrunde: ein innerseelischer
Vorgang, der einer Unsicherheit entspringt, die zwar häufig
auf frühere Erfahrungen in der eigenen Biographie zurück-
geht, aber mit der jetzigen, neuen Begegnungssituation nichts
zu tun hat. Ebenso führt die Befürchtung oder Vorannahme,
beim anderen Menschen nicht gut anzukommen, von ihm
nicht akzeptiert zu werden, zu der genannten Zurückhaltung, Zögerlichkeit und Blockiertheit in der Begegnung. Wir
reden immer dann von „neurotischen Ängsten", wenn frühere, meist weit zurückliegende Angstanlässe oder Vorerfah-

rungen mit früheren Bezugspersonen sich hemmend auf gegenwärtige Begegnungssituationen auswirken. Von dieser Art sind die meisten der beschriebenen Begegnungsängste: Die psychische, genauer die psychobiographische Vergangenheit blockiert die psychische Gegenwart, verhindert ein der jetzigen Begegnung angemessenes, offenes, lockeres, und damit auch freundlicheres, gar herzliches Verhalten.

Zur weiteren Verdeutlichung: Schon in der neuzeitlichen Philosophie und Psychologie wurden die verschiedenen seelischen Zustände, die sich mit den Begriffen Angst, Ängstigen, Ängstlichkeit oder andererseits mit Furcht, Fürchten, Befürchten und Ähnlichem umschreiben lassen, systematisch zu ordnen versucht.

Die klassische Unterscheidung hierzu stammt von dem dänischen Philosophen Sören Kierkegaard (1844/1958, S. 40ff.). Er hat mit „Angst" das irreale, unbestimmte, auch unheimliche Angstgefühl, die unbegründete, verunsichernde Bedrohtheit ohne konkret benennbare Gefahren bezeichnet; „Furcht" hingegen ist bei ihm die verständliche Reaktion auf etwas Bestimmtes, eine gegenwärtige konkrete Gefahr und reale Bedrohung, auch als ein sinnvolles Warnsignal. Diese Unterscheidung wurde dann von Karl Jaspers (1959, S. 95) auch in die Psychiatrie übernommen, die ja im Besonderen ein Anschauungsfeld für solche Gegensätze darstellt. Das Überflutetwerden des Menschen durch maximale, das Ich völlig lähmende, nur durch innerseelische Erlebniskräfte hervorgerufene Angstzustände, wie sie z. B. bei neurotischen und psychotischen Störungen vorkommen, begegnet hier in seiner Extremform. Konkrete Furchtreaktionen und reale Gefährdungen durch bestimmte Lebenssituationen heben sich davon deutlich ab; sie werden auch nur wegen ihrer möglichen psychischen Folgen, z. B. in Form abnormer Belastungsreaktionen, zum Gegenstand psychiatrischer Bemühungen.

Die alltäglichen *Begegnungsängste,* von denen hier die Rede ist, liegen in der Regel in der Mitte zwischen den irrealen, überflutenden, blockierenden Angstzuständen und den konkreten, begründeten Befürchtungen in einer bestimmten Lebenssituation. Sie sind, wie beschrieben, gekennzeichnet durch eine ängstlich getönte Unsicherheit und eine daraus folgende Scheu und Zurückhaltung. In ihnen können eine unbegründete, irreale Begegnungshemmung, eventuell schon durch die Persönlichkeitsstruktur bedingt (s. 2.), mit zum Teil weit zurückliegenden, aber weiterwirkenden Angsterfahrungen und damit Vorsichtseinstellungen zusammenfließen. Angstbesetzte Begegnungserfahrungen in der Vergangenheit können enorm prägend sein. Je nachdem, was den Schwerpunkt der dann später auftretenden Scheu oder Zurückhaltung bildet, kann deren Tönung zwischen einem unbestimmten Gefühl der Unsicherheit, unklarer Antipathie oder einer konkreten Ablehnung und Abwertung liegen. Allemal sendet diese Haltung aber ein Signal der Abgrenzung gegenüber dem Begegnungspartner aus, und es bestimmt dann, wie beschrieben, meist auch dessen eigene Reaktion. Die Chance einer neuen, vielleicht gar herzlich-offenen Begegnung endet so in misstrauischer Verhaltenheit.

Viel deutlicher und klarer stellt sich die Begegnungssituation bei dem anderen der beiden genannten inneren Gegenspieler der Herzlichkeit dar: *Aggression* und *Aggressivität* lassen sich viel plastischer und konkreter beschreiben, und ihr Potenzial ist hinreichend bekannt. In der immens zahlreichen Literatur zu diesem Thema, auch in den verschiedenen Theorien zur Entstehung von Aggression, spiegelt sich die Komplexität dieses Phänomens wider, das unsere Welt so sehr bestimmt. Und ebenso auch die Welt der zwischenmenschlichen Begegnungen und Beziehungen im Einzelnen, die sich ihrerseits wiederum zu einer negativen, spannungsgeladenen Gesamtatmosphäre summieren können.

Auch wenn der primäre Aggressionspegel beim einzelnen Menschen sehr unterschiedlich ist, und auch wenn die Formen der Aggressionsbewältigung – die gut und die weniger gut gelingenden – ein noch unterschiedlicheres, komplizierteres Bild abgeben: Unbestritten ist, dass die Aggression und die Aggressionsfähigkeit eine wichtige Grundkonstante für alle Arten von Lebensabläufen darstellt. Und deutlich sei darauf hingewiesen, dass diese Grundkonstante nicht nur die ins Auge springende Destruktivität enthält, die dann in verbalen, intrigierenden oder gar gewalttätigen Exzessen gipfelt. In ihr steckt auch, und viel umfassender, das Anpacken, das Zugehen auf Aufgaben, die Vielfalt kreativer Impulse, die aktive Lebensgestaltung (lat. „aggredere" = auf etwas zugehen). Aggression als störendes und zerstörendes Element, und Aggression als aufbauendes und lebensgestaltendes Element: so breit gefächert gestalten sich diese, im menschlich-biologischen Antriebspotenzial überhaupt enthaltenen Kräfte. Die Aggression im ersteren und engeren Sinn, die meistens gemeint ist, also das vorwiegend störend oder zerstörend wirkende Verhalten, das auf Durchsetzung, Selbstbehauptung und Abgrenzung abzielt, soll auch hier im Mittelpunkt stehen. Es geht ja um ihre Eigenschaft und Wirkung als innerseelischem Gegenspieler zur Herzlichkeit.

Für die jeweilige konkrete Lebens- und Begegnungssituation, in der sich eine aggressive Grundeinstellung oder ein aktuelles aggressives Verhalten hemmend auf die Entfaltung von Herzlichkeit auswirkt, scheint der Ursprung solcher Aggressivität zweitrangig zu sein: ob in einer regelhaft angestauten und so auf situative Entladung drängenden biologisch-physiologischen Triebkraft und Energie, wie die biologische Aggressions-Theorie es meint, oder in einer Reaktion auf den psychobiographisch einschneidenden, meist frühkindlichen Mangel an Zuwendung und Geborgenheit, entsprechend der sogenannten Aggressions-Frustrations-Theorie (Näheres zu dieser kontroversen Thematik s. U. Rauchfleisch, 1992, S. 14–27). Die Auswirkung, als Endstrecke im emotionalen Bereich und im Verhalten, ist dieselbe. Sie führt zur Blockade von möglichen Ansätzen zu herzlichem Fühlen und Verhalten, sowohl bei dem, der solche Aggressivität in sich trägt, als auch bei seinem Begegnungspartner, der seinerseits Offenheit zur Herzlichkeit in sich spürt. Die Atmosphäre der Aggressivität, der kalte Hauch der Feindseligkeit, auch wenn diese nur ganz subtil in Wort und Mimik mitschwingt, kann lähmend wirken. Sie kann die Bereitschaft oder die Fähigkeit zu einer herzlich gestalteten Begegnung wirksam unterminieren. Es braucht dann – (s. 4.) – oft eine erhebliche innere Anstrengung, ein emotionales Dagegenhalten, um das zarte Pflänzchen des Herzlichseins vor dem genannten kalten Hauch zu schützen. Natürlich ist dies allemal lohnend, denn wer allen Widrigkeiten zum Trotz dennoch herzlich sein kann, hat den besseren Teil für sich gewählt. Und dies kann umso mehr gelingen, je deutlicher wir, bei uns selbst und bei den anderen, die jeweiligen Hintergründe dieses so wirksamen Gegenspielers der Herzlichkeit zu sehen vermögen.

Anders als bei den Begegnungsängsten lässt die genannte Begegnungsaggressivität zunächst kaum erkennen, welche Art von Bedürftigkeit und Defizit in der Gefühlswelt oft hinter ihr steckt. Dies gilt auch für die milderen Formen der mürrischen, missmutigen, gereizten und verdrießlichen Seelenlage, die ja zum Teil schon Formen einer nach außen gebremsten oder teilbewältigten Aggressivität sind. Wenn es gelingt, die Suche nach Wohlbefinden und heiler Welt auch in einer aggressiven Einstellung zu erahnen und zu finden, kann es ebenfalls besser und anhaltender gelingen, emotional dagegenzuhalten. Es geht ja dann letztlich um ein gemeinsames – wenn auch noch längst nicht so deutliches – menschliches Ziel für beide.

Diese Zusammenhänge hat jüngst J. Bauer (2006) in besonderer Deutlichkeit herausgestellt (s. auch 4.). In Auseinandersetzung mit der Darwin'schen bzw. darwinistischen Lehre und Grundannahme vom alles dominierenden aggressiven Lebenskampf („struggle for life"), als treibender Kraft der Evolution, verweist er darauf, dass auch die Aggression „im Dienste sozialer Beziehungen" steht und deren Verteidigung dient (S. 73). Es lassen sich demnach auch für die Sichtweise, dass „nicht Kampf und Aggression, sondern Kooperation und ihr dienende Aggression die optimale Lebensstrategie darstellen", sowohl neuere neurobiologische und psychologische, als auch Befunde aus der Kooperationsforschung anführen (S. 75 f.). Aggression stehe, ob direkt oder indirekt, letztlich „immer in funktionalem Zusammenhang mit dem Grundbedürfnis des Menschen nach Beziehungen" (S. 87). Analog weist auch K. Karstädt (2006) auf entsprechende Forschungsergebnisse hin, wonach das Konkurrenzprinzip überhaupt nicht der menschlichen Natur entspreche; das „Prinzip Kooperation" sei das „bei weitem Vorherrschende ... auf allen Ebenen des Lebens" (S. IX). Die entsprechenden Stimmen, die dies betonen, mehren sich. – Dieses Zurechtrücken herkömmlicher, weit verbreiteter Auffassungen, wonach Aggression grundsätzlich auf die Störung und Zerstörung von Beziehungen ziele, also harmoniefeindlich sei, weitet in befreiender Weise den Horizont. Denn so rückt auch die genannte Beziehungs-Bedürftigkeit des aggressiven oder aggressiv reagierenden Menschen ins Blickfeld, und damit auch seine eigentliche Verletzlichkeit – ganz unabhängig von den psychogenetischen Hintergründen solcher Aggressivität.

Bei der – meist ja eher „milden" – Art von Aggressivität, die wir hier als „inneren Gegenspieler" von Herzlichkeit im Auge haben, bleibt die äußere Form der Begegnung oder der Beziehung meist gewahrt. Die Unverträglichkeit der Emotionen kann sich sehr subtil auswirken, doch die möglichen Ansätze zu herzlichem Verhalten sind blockiert, sie „ersticken" sozusagen unter dem kalten aggressiven Hauch. Dies gilt für beide Seiten der sich „Begegnenden". Der, der primär zur Herzlichkeit bereit und offen wäre, nimmt das Zwiespältige, Unstimmige, Querschießende in seiner eigenen Gefühlslage wahr; der, dem solche herzliche Begegnung gelten soll, lässt eine solche Art von Annäherung durch seine spürbare Abwehr in Wort und Gestik gleich gar nicht zu. Seine Antennen zum Empfang positiver Kontaktzeichen sind eingefahren. So wird – und bleibt oft auch – die Atmosphäre der Begegnung kühl, verschlossen, gespannt, wenn nicht gar direkt feindselig.

Begegnungsängste einerseits, Aggressivität andererseits: die beiden Gegenspieler von Herzlichkeit, so unterschiedlich ihr Wesen und ihre Entstehungsgeschichte auch ist, untergraben im Leben permanent in einer unüberschaubaren Zahl von Kontakten, Begegnungen und Beziehungen das Entstehen einer wohltuenden Atmosphäre. Dies geschieht in vielen Fällen unbeabsichtigt, ohne gezielte Verweigerung oder gar Feindseligkeit, sondern aus emotionaler Verstrickung in die Netze der eigenen psychischen Vergangenheit. Nochmals sei betont, dass sich sowohl in den Begegnungsängsten als auch in der Begegnungsaggressivität die Bedürftigkeit und die Verletzlichkeit des Menschen, letztlich seine Sehnsucht nach Schutz und Unversehrtheit, zeigen. Die Atmosphäre der Herzlichkeit, wenn sie sich einstellt oder wenn sie hervorgerufen werden kann, vermag einen Großteil dieser Bedürftigkeit zu stillen und ein Stück Geborgenheit erleben zu lassen. Und auch wenn diese gute Situation meist nur eine begrenzte Zeit währt, sollten wir sie nicht gering achten oder gering reden. Vieles im Leben dauert nur kurze Zeit und ist dennoch gutes Leben. Gerade vom Besonderen und auch vom Wirkgeheimnis einer herzlichen Atmosphäre soll im Folgenden die Rede sein.

Die Atmosphäre der Herzlichkeit und ihre Wirkung

Wir kennen das alle: Wir kommen in den Kreis einiger Menschen, in eine kleine Gesellschaft, und wir werden empfangen und sind umfangen von einer herzlichen Stimmung, einer offenen, warmen, wohlwollenden Gemütlichkeit, die auch in uns Lockerung, Offenheit, Wohlfühlen hervorruft. Wir werden vielleicht zum Lächeln oder Lachen angeregt, ohne schon zu wissen, um was es geht, aber wir spüren, dass etwas auf uns übergeht, uns einbezieht, uns mehr „Mensch" sein lässt, uns nicht nötigt, uns zu schützen oder zu verstellen. Es ist die ansteckende, positive, die Seele berührende Atmosphäre der Herzlichkeit, die sich schwer definieren, wohl aber gut beschreiben lässt. – Und wir kennen auch das andere: Wir kommen in den Kreis einiger Menschen, in dem spürbare Spannung herrscht, aus dem heraus uns, in Mimik und Verhalten, ein kalter Wind entgegenweht, in dem wir uns unwohl und beklemmt fühlen. Vielleicht erleben wir uns gar kritisch beobachtet und taxiert, was in uns das Bedürfnis und die Notwendigkeit weckt, uns zu verschließen, zu schützen, eine vermehrte Selbstkontrolle aufzubauen. Es ist die Atmosphäre der Angespanntheit, der Abgrenzung, vielleicht gar des Misstrauens oder der Feindseligkeit.

Diese zwei Varianten eines Begegnungs-Szenarios können ebenso die Einzelbegegnung prägen, auch dies ist uns aus der Erfahrung geläufig: Die Atmosphäre der Herzlichkeit stellt sich im Kontakt mit einem anderen Menschen unmittelbar ein, über den freudigen, lockeren, offenen, gar glücklichen Ausdruck von Mimik, Gestik und ersten Äußerungen, sie schafft Wärme und Verstehen. Oder aber, das Gegenteil davon, der andere Mensch verbreitet um sich das Signal abgrenzender, gewollter Distanz, den Hauch von Kühle und Unberührbarkeit, von Verschlossenheit und Gefühlsvermeidung. Mag hinter solchem Verhalten auch eine der im vorigen Kapitel beschriebenen Arten von Begegnungsängsten oder Aggressivität stehen (s. o.) – in der Auswirkung stört oder verhindert es eine Atmosphäre der Herzlichkeit.

Die eben beschriebenen Arten von Begegnungen, im Kollektiv oder in der Einzelsituation, sollten im Besonderen auf die Wechselwirkung hinweisen, die von einer bestehenden Atmosphäre der Herzlichkeit oder aber deren Fehlen, ausgeht, und in die sich auch der Hinzukommende in seiner Reaktion hineingenommen fühlt. Natürlich kann sich die atmosphärische Situation im Laufe der Begegnung verändern, auch dies entspricht unserer Erfahrung. Der Hinzukommende ist nicht nur der Reagierende, gar der Ausgelieferte in einer Ausgangsatmosphäre, sondern – so er dies will – Mitgestalter und möglicher Ursprung von Veränderungsimpulsen. Dies ist naturgemäß in der Einzelbegegnung weitaus besser und wirksamer möglich als in der beschriebenen Gruppensituation. Es geht hier ja doch um die grundsätzliche Chance zu einer emotionalen und damit atmosphärischen Wandlung. Und dass diese Chance tatsächlich existiert, gehört nicht nur zu den menschlichen Lebenserfahrungen, sondern ist ein sehr erfreuliches, keineswegs gering zu achtendes Zeichen dafür, wie positiv der Einzelne in seinen engeren Lebensumkreis hinein wirken kann. Die inneren Impulse hierzu mit entsprechender Überzeugung und Kraft, ebenso auch dem nötigen Mut aufzubringen und in sich zu fördern, gehört mit zum Kern des Wirkgeheimnisses von Herzlichkeit – und auch zu seinem Wagnis (s. 6.).

Was bewirkt nun die Atmosphäre der Herzlichkeit? Dies lässt sich sehr einfach, oder aber auch psychologisch und physiologisch umfassender beschreiben. Zunächst: Herzlichkeit steckt an, oder sie trägt den Impuls hierzu in sich. Sie vermag in der Einzelbegegnung beim Gegenüber herzliches Verhalten oder entsprechende Ansätze in diese Richtung auszulösen; und sie vermag auch in der Gruppe, insgesamt oder wieder bei jeweils Einzelnen, Entspannung oder mehr emotionale Offenheit und Freudigkeit anzustoßen. Sie stellt Nähe her, sie „lockert" die Psyche, sie „öffnet eine innere Tür zum Herzen", um es in dieser etwas poetischen Sprache zu sagen (s. 2.). Und: wer herzlich sein kann oder in eine herzliche Atmosphäre kommt, fühlt sich ganz einfach wohler, entspannter und freier, vor allem auch angenommener und wertgeschätzter – kurz, er kann unbekümmerter sich selbst zeigen und er selbst sein. Herzlichkeit schließt die Herzen auf.

Dieses psychische Wohlfühlen und seine vielfältigen Begleitzeichen, vor allem das Lächeln oder das Lachen, ebenso auch das Berühren und Berührtwerden – möglicherweise mit einer Umarmung – lösen nachweislich auch typische positive körperliche Reaktionen und Veränderungen aus. Gerade das Lachen, mit der es begleitenden Lockerung und Entspannung, gehört zu den wirksamsten und wohltuendsten zwischenmenschlichen Abläufen, bei denen Leib, Gemüt und Geist in besonderer Harmonie zusammenschwingen. Es überspringt Hemmungen und Fassaden, wo es nur echt zugelassen wird, und diese Erfahrung ist seit langem menschliches Gemeingut. „Lachen ist gesund", „Wer lacht, lebt länger", sind bekannte Redewendungen hierzu. Seit Jahren beschäftigt sich nun auch eine zunehmende Zahl von wissenschaftlichen Publikationen mit dem Lachen und seinen Wirkungen, auch der von Heiterkeit, Humor und Witz auf das psychische und körperliche Befinden. Diese reichen von der Harmonisierung von Muskelspannung und Kreislauf über eine anregende, spezielle Hormonausschüttung (der Endorphine), bis hin zu den Erfolgen der Lachtherapie, die zunehmend an Bedeutung gewinnt. So haben auch die Lindauer Psychotherapiewochen 2008, wie früher schon dem Thema „Herz" (s. 2.), auch dem Thema „Lachen" eine volle Woche eingeräumt und damit die therapeutische Bedeutung dieser so wohltuenden menschlichen Fähigkeit besonders herausgestellt. (Näheres zu dieser Gesamtthematik, auch zur Literatur, s. V. Faust, 2004: „Lachen ist die beste Medizin", S. 1, 3–7 und 11f.). Auch aus unserer alltäglichen Erfahrung wissen wir: Herzlichkeit macht Lachen möglich, und Lachen macht Herzlichkeit möglich.

Es lassen sich viele alltägliche Formen von Begegnungen nennen, in denen herzliches Verhalten oder kleine Signale von herzlichen Gefühlen – zu ihnen gehört auch die einfache Freundlichkeit – die Situation zwischen zwei Menschen in wohltuender Weise verändern können. Freundlichkeit ist, wie man etwas poetisch sagen kann, „die kleine Schwester der Herzlichkeit" (s. auch 4. und 6.). Sie lässt sich auch, von der emotionalen oder stimmungsmäßigen Grundregung her gesehen, als eine Art Vorstufe von Herzlichkeit ansehen. Schon sie kann in einer entsprechenden Begegnung lockernd, öffnend, oft gar bahnbrechend wirken – wie eine Art Schlüssel zu deren positiver Umgestaltung. Eine Vielfalt von Situationen und Begegnungen kann so, ohne großen emotionalen Aufwand, eine entsprechende wohltuende Veränderung erfahren.

An drei typischen Formen solcher alltäglicher, oft scheinbar „banaler" Begegnungen soll hier nun Wesentliches aufgezeigt werden: Die Konsultation eines Bahnbeamten im Reisezentrum zwecks Fahrplanauskunft, die Begegnung mit einer Verkäuferin im Supermarkt bei der Bezahlung an der Kasse, die Verständigung mit einer Bedienung in einem Restaurant über die gewünschten Speisen. Die Zweckgerichtetheit, die Kürze und die geringe Bedeutsamkeit, damit auch die Flüchtigkeit solcher Begegnungen geben diesen den Anstrich eines zwar momentan wichtigen, für das Verhältnis zu solchen Dienstleistern jedoch völlig unwesentlichen Akts. Und dennoch: Wird es möglich, dass eine solche Begegnung zumindest mit Höflichkeit, oder mehr, mit Freundlichkeit, oder aber gar mit einem Anflug von Herzlichkeit vonstattengehen kann, ist dabei für das menschliche Zusammenleben – gerade in Anbetracht der Häufigkeit solcher Begegnungen – wahrlich viel gewonnen. Man sollte sich in diesem Zusammenhang auch vor Augen führen, welch enorme psychische Anstrengung solche Mitmenschen, also Schalterbeamter, Verkäuferin, Bedienung und andere „Dienstleister", für ihre jeweiligen Kunden unentwegt und unermüdlich neu aufbringen müssen, um diesen – meist erwarteten! – Anflug von Freundlichkeit, gar von Herzlichkeit in die Begegnung einbringen zu können. Dann wird auch klar, auf welcher Seite hier das größere Maß an emotionaler „Bringschuld" liegen sollte: nämlich bei denjenigen, die die Leistung in Anspruch nehmen. Ihnen dürfte es leichterfallen, sich bewusst auf den bevorstehenden einmaligen Begegnungsakt einzustellen, unbelastet durch die vorherige permanente Inanspruchnahme und Freundlichkeitsanstrengung durch andere Klienten. Die neue kurze Begegnung mit einem freundlich oder gar herzlich getönten Impuls zu eröffnen, kann die Situation sogleich angenehm auflockern.

Angefügt sei noch ein anderes Beispiel aus unserer modernen Kommunikationswelt, das mehr und mehr unseren gegenseitigen Informationsaustausch mitbestimmt: der Anrufbeantworter. Dass es dieses Gerät gibt, ist zweifellos ein großer Fortschritt für die persönliche Erreichbarkeit. Diejenigen, die ihn eher als zusätzliche Plage ansehen, brauchen ihn ja nicht zu benutzen. Aber wenn wir ihn schon in unser technisches Kontakt-Repertoire einbeziehen, welchen Klang, welche Gefühlsregung, welche Einstellung legen wir in unsere Ansage hinein? Es ist für mich erstaunlich, und manchmal schockierend, welch unterschiedliche Töne hier auf mich zukommen. Natürlich gibt es dabei freundliche, warmherzige oder auch humorvolle Worte. Aber es gibt auch Ansagen, die mich in ihrer Kälte und Beziehungslosigkeit abstoßen, aus deren Ton und Knappheit, ohne jegliches Grußwort am Anfang oder am Ende, ich nur ärgerliche Abwehr und Überdruss heraushöre. Solche Ansagen können wie ein kollektiver Affront, wie kaltes Wasser ins Gesicht der jeweiligen Hörer wirken. Dabei handelt es sich hier ja nicht um eine Äußerung, die unter emotionalem Druck entstanden ist; die Besitzer des Gerätes können für sich und in aller Ruhe ihren Text gestalten und aufsprechen. So können sie auch einen Ton wählen, der dem möglichen Anrufer wenigstens ein Minimum an Wertschätzung entgegenbringt – einen Ton, aus dem man zumindest ein gewisses Bemühen hierum spürt, einen warmen Ton, einen freundlichen Ton, gar einen Ton mit Herzlichkeit. Hier haben wir also die Möglichkeit, auch über ein technisches Gerät eine Kultur der Begegnung zu pflegen, und nicht „Unkultur" zu fördern.

Die Wirkung von Herzlichkeit kann enorm sein, für alle Beteiligten, sowohl für diejenigen, die es wagen, sie einzubringen und sie anzustoßen, als auch für diejenigen, die sie empfangen und ihrerseits mit Wohlgefühl auf sie reagieren können. Natürlich gibt es Menschen, an denen eine solche Einladung abprallt, oder die sich – aus den schon ausführlicher genannten Hintergründen – der Herzlichkeit nicht oder nur verhalten öffnen können. Wo sie aber wirken und sich ausbreiten kann, vermag Herzlichkeit – weit über das lockere Wohlfühlen und das Geborgenheitsgefühl hinaus – Brücken von Mensch zu Mensch, von Seele zu Seele, von „Herz" zu „Herz" zu schlagen. Sie ist in der Lage, Unterschiede und Gegensätze geringer und weniger gewichtig erscheinen zu lassen, und sie kann gemeinsames Zusammenklingen über Trennendes hinweg erlebbar machen. Was es für das Zusammenleben von Menschen insgesamt bedeuten würde, wenn sie mehr Herzlichkeit zulassen könnten, lässt sich in einer Art positiver Vision nur erahnen! Und wie schon gesagt:

Man sollte andererseits solche guten Momente im Konkreten, bloß weil sie vielleicht nur kurz und zaghaft und sehr situationsabhängig sind, nicht geringschätzen und kleinreden. Das Denken im Alles- oder Nichts-Schema stört und zerstört hier, wie auch sonst, die Ansätze zum Menschlichen in fataler Weise. Gerade in der Freude über das Kleine, das gelungen ist, liegt ja etwas vom Geheimnis der Lebensfreude. – Wie sich Intensität und Dauer von Emotionen überhaupt, und so auch hier bei der Herzlichkeit, zueinander verhalten, soll uns dann noch in einem eigenen Kapitel beschäftigen (s. 4.).

Herzlichkeit – ein ethischer Wert?

In den vielen Wertekatalogen, Wertehierarchien und Wertediskussionen, von der Antike bis heute, fehlt der Wert „Herzlichkeit". Hierzu passt der eingangs schon erwähnte Befund, dass das Stichwort „Herzlichkeit" auch in der psychologischen Fachliteratur nicht erscheint. Dabei ist es offensichtlich, dass viele Menschen, daraufhin befragt, der Herzlichkeit einen ethisch hohen Wert für das menschliche Zusammenleben zubilligen würden. So kann man hierzu hören: „Natürlich ist das ein wichtiger Wert", oder: „Schade, dass die Herzlichkeit als Wert so gering geachtet wird". Offenbar besteht also durchaus ein Bewusstsein für den Wertgehalt von Herzlichkeit. Dieser wird dann aber eher wie etwas Selbstverständliches erlebt, was nicht weiter verwunderlich ist. Es gehört zur Eigentümlichkeit der Wertwahrnehmung, wie R. Spaemann (2004) sagt, „dass wir nicht jeden einzelnen Wert isoliert wahrnehmen, sondern in Akten des Vorziehens und Nachsetzens" (S. 39). So erklärt sich auch, warum die Herzlichkeit einfach bestimmten anderen, verwandten oder ähnlichen Wertbereichen zugehörig erlebt wird, wie z. B. der Freundlichkeit, der Offenheit oder der Liebe.

Darüber hinaus spricht einiges für die Vermutung, dass ein Wert im ethischen Sinn umso deutlichere Konturen annimmt, je weniger er als spontane und natürliche Regung erscheint. Was uns fordert, was uns Anstrengung und bewusste positive Einstellung abverlangt, dessen sind wir uns viel mehr bewusst. So erscheinen z. B. Ehrlichkeit, Mut, Rücksichtnahme, Treue, Verzicht oder Selbstbeherrschung – überhaupt die klassischen „Tugenden" – recht deutlich in der allgemeinen Wahrnehmung als ethisch relevanter Wert. Sie sind eine Art „Leistung". Schon bei der „Liebe" wird es sehr zwiespältig: Erst in der Trennung in „Nächstenliebe" und „erotische Liebe", in „Agape" und „Eros" – dem über Jahrhunderte hinweg viel bearbeiteten griechischen Begriffspaar (s. A. Weyer, 1979, S. 415 bis 419) – scheint eine solche Zuordnung im Wertebereich wieder möglich; sicher auch deshalb, weil man sich nach allgemeiner Auffassung die Nächstenliebe meist abringen muss, die erotische Liebe als Neigungsliebe hingegen einfach spontan und oft impulsiv und eruptiv auftritt, nicht selten auch rücksichtslos gegen andere. Ähnlich verhält es sich mit verschiedenen weiteren, das Zusammenleben bestimmenden emotionalen Phänomenen. Viele entziehen sich zunächst einer deutlichen Zuordnung zu den klaren „ethischen" Werten, weil sie sich scheinbar „anstrengungsfrei" einstellen: so z. B. Sympathie, zwischenmenschliche Feinfühligkeit, Begeisterung, ästhetisches Empfinden, Tierliebe, Mitleid oder Mutterliebe. Hinsichtlich der Herzlichkeit ließ sich bisher schon zeigen, dass gerade auch sie eine solche Zweigleisigkeit oder Zugehörigkeit zu zwei verschiedenen Bewertungsebenen erkennen lässt: als „spontane" und als „gewollte" Herzlichkeit (s. 2.), und dass beide dennoch wirkliche, ja „echte" Herzlichkeit sein können. Unter den oben genannten Gesichtspunkten gewinnt dann die „gewollte" Herzlichkeit deutlich mehr Nähe zu den Werten im Sinn ethischer Kategorien.

Freilich zeigen viele der Bewertungen, die auf eine strikte

Unterscheidung zwischen spontan auftretenden und bewusst angestrebten Verhaltensweisen hinzielen, eine bemerkenswerte Schieflage. Unter ethischen Gesichtspunkten neigen diese Werturteile zur generellen Abwertung natürlicher, spontaner menschlicher Regungen und demgegenüber zur Aufwertung aller auf Anstrengung und Selbstüberwindung beruhenden Einstellungen. Für eine solche Unterscheidung steht auch das alte Gegensatzpaar von „Pflicht" und „Neigung", das in besonders intensiver Weise die Zeit des deutschen Idealismus literarisch und philosophisch durchzog (s. W. Windelband, 1959, S. 473 ff., 512, 518). Diese Trennung beschreibt zweifellos viele lebenstypische Situationen, die mit oft schmerzlichem Entscheidungszwang verbunden sind. Dennoch lässt sie viele wesentliche Konstellationen außer Betracht, in denen eine solche Aufteilung abwegig wird. Die erwähnte Mutterliebe und das Mitleid sind Beispiele dafür, dass hier „Pflicht" und „Neigung" zusammenfallen. Auch von E. Fromm wurde schon auf das „Element der narzisstischen Liebe" hingewiesen, das sich in der Mutterliebe findet (1956, S. 75). Freilich hat der sogenannte ethische Rigorismus, wie er vor allem im Umkreis der Kant'schen Ethik in so deutlicher begrifflicher Klarheit formuliert worden ist (s. W. Windelband, a. a. O.), durch seine scheinbar überzeugenden Denkmuster die theoretische Ethik weithin bestimmt. Und solche Einstellungsmuster wohnen ja auch seit je vielen religiös ausgerichteten Wertehierarchien inne.

Demgegenüber zeigt die alte sogenannte „Goldene Regel", wie sie schon so eindrücklich bei Jesus erscheint, eine menschlich viel größere und faszinierendere Spannweite: „Alles was ihr wollt, das euch die Menschen tun, das tut auch ihnen" (Matth. 7, 12). Diese Regel ist ja auch, in verschiedenen Abwandlungen, „allen Weisheitslehren und Religionen der Welt bekannt" (J. Granoff 2006, S. VIII). Und sie wohnt auch gleichermaßen dem theoretisch durchformulierten Kant'schen sogenannten „Kategorischen Imperativ" als Prinzip inne: „Handle so, dass die Maxime deines Willens jederzeit zugleich als Prinzip einer allgemeinen Gesetzgebung gelten könne" (I. Kant, 1778/1961, S. 53). Diese Gleichwertigkeit von Eigeninteresse und Fremdinteresse, von Regungen aus dem eigenen Inneren und von Bedürfnissen der anderen kann zwar, wie wir nur zu gut wissen, enorm konfliktträchtig sein. Sie wertet aber auch keinen der beiden Bereiche ab, gibt jedem von ihnen sein Daseinsrecht und führt so zu einer Art ethischer Balance im menschlichen Zusammenleben. Auch das alte Gebot, dass wir unseren Nächsten lieben sollen wie uns selbst (3. Mose 19, 18), erscheint in diesen Zusammenhängen in einem spezielleren Licht. Denn erst in der ethischen Diskussion der jüngsten Zeit, mit befruchtet von den Erkenntnissen der Psychotherapie, begann man, dieses „wie" als Ausdruck der echten Gleichwertigkeit von Fremdbedürfnissen und Eigenbedürfnissen zu sehen und zu bewerten. Es schließt ein, dass niemand seinen Nächsten wirklich lieben kann, der nicht auch sich selbst liebt; und dies bedeutet, dass mit dem Satz von der Nächstenliebe eben nicht nur rigorose Selbstverleugnung, Selbstüberwindung und ethische Anstrengung gemeint ist, sondern auch die Würdigung eigener Lebensbedürfnisse und Regungen. Mit der Anerkennung dieser Balance ist denn auch das Problem der kollektiven ethischen Überforderung abgemildert, vor deren verhängnisvollen psychischen Folgen schon Erich Neumann (ein Schüler von C. G. Jung) so vehement gewarnt hat; weil das Kollektiv einem rigorosen ethischen Leitbild „nur durch gewaltsame Anstrengungen gerecht werden" könne, tendiere es zur „frühmenschlichen Gruppenidentität", die atavistisch und regressiv und vor allem „frei von Einzelverantwortung" sei (1964, S. 59 ff.). Was mit alledem ausgesagt werden soll, ist eine einfache Wahrheit: Der Mensch wird menschlicher, wenn er die eigenen Bedürfnisse und die Bedürfnisse der anderen als gleichwertig anzuerkennen vermag.

Diese eher abstrakte Rahmenbetrachtung erhält in Sachen „Herzlichkeit" sogleich ihre besondere Konkretisierung: Wenn ich in meinen eigenen „herzlichen" Regungen, die einem anderen Menschen gelten, gleichzeitig auch Elemente der „Eigenliebe" spüre, so, dass ich auch für mich etwas von dieser Regung „habe", mich dabei warm und wohl und gut fühle – wie lässt sich dies ethisch bewerten? Es handelt sich ja dann um den Pol der „spontanen", der „echteren" Herzlichkeit, im Gegensatz zu der schon beschriebenen „gewollten" Herzlichkeit (s. o. und 2.). Frage ich mich freilich, was ich selbst von den anderen gern hätte, so klärt sich vieles an diesem Problem: Ich möchte ja an Einstellungen und Begegnungsweisen, die mir von anderen Menschen entgegengebracht werden, und die mir einen „Wert" bedeuten, nicht nur typische Pflichterfüllung und der Natur abgerungene Formen von Rücksichtnahme, Zuwendung und Freundlichkeit erleben; sondern gerade auch anstrengungsfreie, spontane Regungen, eben „echte" Emotionen, spontan „Liebevolles", Stimmiges aus dem „Herzen" – und hierzu gehört eben auch die Herzlichkeit! Ihr „Wert" liegt in ihrem Wesen.

Friedrich Schiller hat 1796 in einer Art Persiflage oder Verspottung die Einseitigkeit der Kant'schen rigorosen Ethik, eben die Betonung der Pflicht gegenüber der Neigung, aufs Korn genommen, unter der Überschrift „Gewissensskrupel":

„Gerne dien' ich den Freunden,
doch tu' ich es leider mit Neigung,
und so wurmt es mir oft,
dass ich nicht tugendhaft bin" (S. 199).

Mit dem näheren ethischen Hintergrund dieser Schiller'schen Position befasst sich auch der Theologe H. Thielicke (1958, S. 82 bis 85) in klärender Weise. Freundesdienst jedenfalls als gerne geleistete Hilfe, als spontane Regung, als emotionales

Bedürfnis aus Verbindlichkeit, ist ein schönes Beispiel dafür, wie Neigung und Pflicht zusammenfallen können. Dies wird auch nicht dadurch aufgehoben, dass aus bestimmten Situationen eine klare Pflicht oder Verpflichtung erwachsen kann, die Enormes an Selbstüberwindung fordert (s. auch 4.). Derselbe Schiller hat dies ja, 2 Jahre später, in seiner bekannten Ballade „Die Bürgschaft" in ergreifender Weise zum Ausdruck gebracht (a.a.O., S. 132 bis 135). – Den genannten Schiller'schen ironischen Vierzeiler könnte man fraglos auch auf Äußerungen von Herzlichkeit anwenden: „Gerne bin ich herzlich zu den Freunden, doch tu' ich es leider mit Neigung ..."; denn die hier gemeinte, so spontane, unmittelbare, „aus dem Herzen kommende" Herzlichkeit im Freundinnen- und Freundeskreis ist einfach da, sie ist menschliche Resonanz, sie muss nicht einer sich dagegen sträubenden Natur mühsam abgerungen werden. Und daneben gibt es dennoch das, was hier ausdrücklich als „gewollte" Herzlichkeit bezeichnet und beschrieben wurde, nämlich das bewusste Einbringen der eigenen Fähigkeit zu herzlichem Verhalten in einer zunächst „unherzlichen" Umgebung (s. 2.).

Im religiösen Bereich hat die Einstellung, die wir mit „Herzlichkeit" meinen, schon immer eine besondere Rolle gespielt, sowohl innerhalb als auch außerhalb des Christentums. Schon dass – auf unseren Kulturkreis bezogen – der Begriff „Herz" z. B. in der Bibel so überaus häufig vorkommt, verwendet für das Zentrum des Lebens, das „Selbst", den Kern der Gedanken, Einstellungen und Motive, weist in diese Richtung. Auch das Hesekiel-Zitat vom „steinernen" und „fleischernen" Herz (Hes. 11, 19; s. o.) sollte dies herausstellen. Dort freilich geht die Initiative zur Wandlung von Gott aus. In der überwiegenden Mehrzahl der Zitate ist der Hinweis auf das „Herz" hingegen mit dem Imperativ an den Menschen selbst verbunden. Er zielt auf die wohlwollende, Nähe herstellende, wertschätzende, mit positiv-ethischem

Handeln verbundene Einstellung, die „von Herzen" kommt. Der besondere Aspekt des „Herzlichseins" im hier gemeinten Sinn, als äußerer Ausdruck dieser Einstellung, begegnet uns als direkter Imperativ dann, wie schon erwähnt (s. 2), bei Paulus (Röm. 12, 10): „Die brüderliche Liebe untereinander sei herzlich"; das griechische Wort „philostorgos", das Luther hier mit „herzlich" übersetzt, hat auch die innige Bedeutung von „zärtlich liebend", „liebreich" oder „traulich". Diese so ansprechende und intensiv erwünschte positive Grundeinstellung der Menschen untereinander ist mit ein wesentlicher Kern aller Religionen – mag auch die jeweilige Realität menschlicher Einstellungen und Handlungen eine noch so andere Sprache sprechen.

Solche Herzlichkeit zwischen den Menschen, die ja in vielen religiösen Bewegungen, Gemeindebildungen und karitativen Impulsen noch in besonderer Intensität angestrebt wird, verkörpert den einen Aspekt. Die angestrebte Herzlichkeit in der emotionalen Gottesbeziehung selbst, wie sie seit je in Mystik, vielerlei Andachtsformen und charismatischen Bewegungen zum Ausdruck kommt, verkörpert den anderen Aspekt. Dass überhaupt der Glaube eine Sache des „Herzens" ist, gilt ja als grundlegende Aussage in der Welt des Religiösen. Bei Jesus lässt sich beides in deutlicher Ausprägung finden: herzliche Zuwendung an die körperlich oder seelisch bedürftigen Menschen, auf die er traf, dies verbunden mit dem klaren ethischen Imperativ, in gleicher Weise zu handeln; und ebenso ein „herzliches", vertrautes Verhältnis zu Gott als liebendem Vater, wobei beides für ihn zu einem stimmigen Lebenskreis wird. – Was jede und jeder von uns von alledem wirklich in das eigene Leben übernehmen kann, bleibt die eine Sache. Was wir aber von Idee, Impuls und Ziel einer umfassenden Herzlichkeit in unserer alltäglichen Welt halten, gerade wie sie uns im religiösen Bereich so faszinierend entgegentritt, ist die andere Sache. Man kann sich einer solchen Einstellung verweigern, zweifellos. Ebenso zweifellos aber auch hat sie eine positive Wirkung, für das eigene emotionale Leben und für das der anderen, wenn wir uns ihr öffnen.

Herzlichkeit: ein ethischer Wert? Die Frage lässt sich, auch nach den bisherigen Überlegungen, keinesfalls so leicht beantworten, wie man vermuten könnte. Herzlichkeit: ein Wert – zweifellos, sowohl in der Einzelbegegnung als auch für Gruppen und für die Gesellschaft insgesamt. Aber: ein „ethischer" Wert? Welche Voraussetzungen müssen für diese Auszeichnung erfüllt sein? Es soll hier nun nicht weiter der theoretischen und viel diskutierten Frage nachgegangen werden, was die spezifischen Kriterien eines ethischen Wertes eigentlich sind. Viel naheliegender ist, die Herzlichkeit pragmatisch so zu bestimmen und einzuordnen, dass ihr „Wert" auch im ethischen Sinn eben noch zum Ausdruck kommt: Sie gehört gewiss zu den ausgesprochen „wünschenswerten" Haltungen und Verhaltensweisen von uns Menschen. Und das „Wünschenswerte" ist etwas, das nicht essentiell mit der pflichtgemäßen Einhaltung eines sittlichen Kodex verbunden ist. Es enthält aber dennoch ein Zielbild, das sich positiv in ein angestrebtes menschliches Gesamtverhalten einfügt.

In diesem Sinne also, als „wünschenswerte" und dem menschlichen Zusammenleben dienende Ausrichtung überhaupt, darf die Herzlichkeit als ethischer Wert gesehen werden. Dies gilt umso mehr, je deutlicher sie Anteile der beschriebenen, persönlich „gewollten" und angestrebten Herzlichkeit in sich trägt und zur Wirkung bringt (s. 2.). Gleichwohl ist und bleibt auch das spontane herzliche Verhalten, das als unmittelbare Reaktion oder als Bedürfnis „aus dem Herzen" kommt, fraglos ein besonderer Wert. Es fördert beidemal Nähe und Offenheit, und schafft so eine emotional wohltuende Atmosphäre im Zusammenleben (s. o.). Und gerade

dort, wo das herzliche Element fehlt, und wo oft ganz andere Umgangsweisen vorherrschen – im Betrieb, in der Familie,
auf der Straße –, wird darüber hinaus besonders deutlich:
Herzlichkeit ist nicht nur „wünschenswert", sie steht vielmehr für einen eigenen Kern von Menschlichkeit, und eben
dadurch gewinnt sie ihren eigenen ethischen Wert.

4.
Herzlichkeit in Beziehungen

Kontakt, Begegnung und Beziehung:
Stufen der Nähe

Bewusst war bisher vorwiegend von Begegnungen die Rede, also der „kleineren" und „flüchtigeren" Art, wie Menschen miteinander zu tun haben. Durch diesen Aufbau wollte ich hervorheben, wie wichtig es ist, Möglichkeiten des Herzlich-seins im Rahmen der eher unbedeutenden und meist kurzen, aber sehr häufigen alltäglichen Kontakte wahrzunehmen und zum Leben zu bringen. Sie bilden die Basis des generellen, oft gewünschten, oft aber auch unerwünschten Miteinanders von Menschen für einen kurzen Zeitabschnitt. Wie sich solches Miteinander emotional gestaltet, macht die zwischen-menschliche Atmosphäre, die Gefühlslage und Reaktions-weise der Beteiligten und damit auch die Art des Ablaufs aus: kühl, sachlich, distanziert, eventuell misstrauisch und feindselig gefärbt, oder aber offen, warmherzig, Nähe her-stellend und wohlwollende Akzeptanz verbreitend. Das mit wirksame Element hierbei ist das Maß an – oft zunächst nur von einer Seite eingebrachter – Freundlichkeit oder Herzlich-keit.

Es scheint sinnvoll, sich die unterschiedlichen Arten und Qualitäten dieses menschlichen Miteinanders gerade im Hin-blick auf herzliches Verhalten zu vergegenwärtigen. So kön-nen wir besser abschätzen, wie sich das beidseitige Verhalten jeweils auswirkt, inwiefern es dazu beiträgt, dass es gelingt oder aber misslingt, eine herzliche Atmosphäre zu schaffen. So benennt das, was wir einfach *Kontakt* nennen, einen sei-ner Art nach ersten und nach vorne offenen Akt als Begegnungsanfang, vergleichbar mit der Herstellung eines elektrischen Kontakts. Er leitet, wenn er bestehen bleibt, eine weitergehende *Begegnung* ein, die ihrerseits unbeabsichtigt und „zufällig", oder aber von vornherein ziel- und zweckgerichtet sein kann. Begegnungen kommen ihrem Wesen nach jedoch (zunächst) ohne Aufbau von Bindungen aus, sie sind kurzfristig bzw. zweckorientiert, und sie lösen sich nach Erreichen des angestrebten Zwecks oft wieder auf. Dies wurde bisher schon mit verschiedenen Beispielen dargelegt (s. 3.). Wenn sich solche Begegnungen aber fortsetzen, so kann sich ihre innere Qualität ändern. Die Begegnung kann dann entweder in lockerer Weise in Richtung dessen gehen, was wir „Bekanntschaft" nennen, oder aber in fester, verbindlicher Weise in Richtung dessen, was wir unter Beziehung verstehen. Hierum soll es im Folgenden gehen.

Bei den schon früher beispielhaft dargestellten, alltäglichen und meist kurzen Kontakt- und Begegnungsformen (Schalterbeamter, Verkäuferin, Bedienung; s. 3.) bleiben die Begegnungspartner in der Regel in einer klaren persönlichen Distanz zueinander. Das Private spielt keine Rolle, ein Austausch von weiteren Gedanken über die jeweiligen Lebensverhältnisse findet nicht statt. Dennoch stellen solche Begegnungen, gerade je mehr emotionale Wärme in ihnen zum Ausdruck kommt, einen bestimmten Grad an menschlicher Nähe her. Solche Nähe liegt einfach in der Gesamtbewegung begründet, wenn zwei Menschen aufeinander zugehen; selbst in der Feindschaft besteht Nähe, und nur in der völligen Gleichgültigkeit gibt es sie nicht mehr. Regt sich umgekehrt in einer Begegnung sogleich Sympathie, so ist damit ebenfalls schon ein höheres Maß an persönlicher Nähe hergestellt, auch wenn keine weiteren Konsequenzen hieraus erwachsen.

In dem hingegen, was wir unter *Beziehung* verstehen, erreicht die persönliche, innere Nähe zwischen zwei Menschen einen wesentlich höheren Grad, vor allem aber eine andere Qualität. Das Neue, das hier entsteht, ist zum einen durch Dauer, Beständigkeit und Zuverlässigkeit, auch mehr Offenheit im Miteinander charakterisiert, und zum anderen durch die Entstehung bestimmter innerer Bindungen zwischen den zwei Personen. Dadurch stellt sich nicht nur eine weitere Stufe an Nähe überhaupt her, sondern auch die Art des Umgangs miteinander verändert sich, indem Vertrautheit wächst, in die dann mehr und mehr auch die beidseits als wichtig erlebten Themen einbezogen werden. Aus Informationsaustausch wird der Austausch von persönlich wichtigen, oft auch intimen Gedanken und Gefühlen. Was wir üblicherweise unter „Freundschaft" verstehen, in geringerem Grad auch unter „Bekanntschaft", zeigt ähnliche Beziehungsstrukturen (was noch zu besprechen ist, s. u.). Bekommt eine Beziehung dann auch noch erotischen Charakter, und wird aus der intensiven menschlichen Zuwendung gleichzeitig eine körperlich intime und eine sexuelle Beziehung, dann sind die ursprünglichen Merkmale der bloßen Begegnung vollends aufgehoben. Natürlich bringt eine sexuelle Beziehung nicht an sich bereits persönliche Verbindlichkeit mit Tiefe und Dauer auf Zukunft hin mit sich, wenn man die heutige Lebenspraxis betrachtet. Je mehr sie jedoch gleichzeitig im Seelischen wurzelt, je mehr „Herz" dabei im Spiel ist, umso eher kann sie, wie wir wissen, eine eigene umfassende Lebensgestalt und Verbindlichkeit – mit besonderer Intensität von „Bindung" – annehmen.

Herzlichkeit in Beziehungen hat viel unterschiedlichere Gesichter, als dies bei der „einfachen" Form der „bloßen" Begegnungen der Fall ist. Auch das Ausbleiben oder die Verweigerung von Herzlichkeit, gar die Unfähigkeit zu ihr, zeigt verschiedene Gesichter. Ein wesentlicher Grund hierfür liegt wohl in der beschriebenen intensiveren Nähe der jeweiligen Menschen zueinander, einer Nähe, die ja auf Kontinuität und Dauer angelegt ist oder angelegt sein soll, bzw. sich dahin entwickelt hat. Und mit dieser dauerhaften Nähe verbindet sich dann auch eine – wenn auch wohl meist uneingestandene – Erwartung an den Partner, die Freundin oder den guten Bekannten, dauerhaft herzlich zu sein. Niemand kann aber dauernd herzlich sein. Und so kann auch das Bestreben versiegen, Gefühle von Herzlichkeit und daraus auch herzliches Verhalten aus der eigenen grundsätzlichen Fähigkeit hierzu in sich zu entbinden. Noch mehr: es kann dem Partner geradezu – scheinbar paradoxerweise – „auf die Nerven" gehen, wenn der oder die andere sich um Herzlichkeit, oder auch nur um Freundlichsein, „bemüht". – Welche Formen von Herzlichkeit, auch in solchen Konstellationen, je nach Art der zwischenmenschlichen Bindungen und Beziehungen überhaupt möglich sind, welches „Gesicht" sie also haben können, soll anschließend noch eingehender behandelt werden (s. u.).

Mit der Entstehung von mehr Nähe in Beziehungen, die ja auch mit mehr positivem Interesse am Gegenüber einhergehen, in der Regel auch mit mehr Wohlwollen oder gar schon mit Liebe, rührt sich ja ein tiefliegendes Bedürfnis in der menschlichen Natur. Das Wissen darum, dass Menschen den Drang haben, sich zusammenzuschließen, in Gemeinschaft oder Partnerschaft zu leben, ist uralt, auch, dass dies die „natürliche" Lebensform ist, und nicht etwa die Vereinzelung. So hat schon Aristoteles in der Antike den Menschen als „zoon politicon" bezeichnet (s. K. Vorländer, 1963, S. 130), das heißt als Lebewesen, das auf funktionierende Gemeinschaft hin angelegt ist. Das genannte Bedürfnis in der menschlichen Natur scheint biologisch und psychologisch zugleich eine Art Grundkonzept für positive Lebensgestaltung vorzugeben – eben auf das hin, was wir als „menschlich" bezeichnen.

Dies zu betonen, gewinnt heute wieder einmal vermehrt an Wichtigkeit. Wir leben in einer Zeit, in der durch neoliberale Ideologien und Tendenzen die Mechanismen des Konkurrenzkampfes, der Verdrängung, der rigorosen Fixierung auf Vorteile nicht nur im Wirtschaftsleben, sondern auch in Schule, Universität und Gesellschaftsleben allgemein betont und gefördert werden. Dass hinter solchen Tendenzen eine neodarwinistische Denkweise steht, die ihr Interpretationsmodell der Evolution einseitig auch auf soziale Prozesse anwendet, wird kaum gesehen. Im Mittelpunkt dieses Konzeptes steht die Auffassung des Lebens als „Kampf ums Dasein" und als harter Prozess der „Auswahl der Tüchtigsten" (s. Ch. Darwin, 1871/2005, S. 119ff., 146, 699). Wie schon in anderem Zusammenhang besprochen (s. 3.), hat demgegenüber in jüngster Zeit vor allem J. Bauer (2006), gestützt auf neue, auch neurobiologische Untersuchungen, die andere Seite betont, die im einseitigen darwinistisch-neoliberalen Denkmodell kaum zur Geltung kommt: Dass Menschen „auf soziale Resonanz und Kooperation angelegte Wesen" (S. 34) und „für gelingende Beziehungen konstruiert" (S. 21) sind. Es ist sehr begrüßenswert, dass dieser Aspekt des Lebens wieder mehr und mehr ins Blickfeld rückt, und es wird klar, dass sich hierin auch eine andere Art von Menschenbild zeigt.

Dieses andere Menschenbild ist keine Neuinszenierung, sondern gründet, wie schon gesagt, in einem sehr alten Lebenswissen, und noch mehr auf einem Bedürfnis unserer Natur. Es wird auch vom Erfahrungshintergrund vieler Kulturen und Religionen über die Zeiten hinweg getragen, in denen das Füreinander und Miteinander, also die Kooperation, als bewährtes Lebensprinzip sowie auch als ethisches Prinzip einen hohen Rang einnimmt. All das aber steht in Beziehung zu gelebter Nähe, und in der Folge davon zu Herzlichkeit. Und die „gelingenden Beziehungen" erreichen dann ihre optimale, positive Gestalt, wenn sie zu „herzlichen Beziehungen" werden können. – Was hier so bewusst einfach formuliert ist, zeigt in den Niederungen des Lebensalltags freilich vielfältige Facetten, „Gesichter" und vor allem Problemfelder. Das wissen wir sehr gut, und im Folgenden geht es eben um diese Vielfalt.

Arten zwischenmenschlicher Beziehungen und Formen von Herzlichkeit

Ebenso schön wie naiv wäre die Erwartung, dass mit zunehmender Nähe in einer Beziehung auch deren Herzlichkeit zunimmt. Der Blick ins Leben entlarvt solche Gedanken als Illusion, genauer als Wunschdenken. Und es entspricht ja auch schon einer einfachen Psycho-Logik, dass sich bei mehr psychischer Nähe zweier Menschen nicht nur deren sympathische und wohltuende Anteile näherkommen, sondern auch deren „sperrige" und schwerer erträgliche Wesenselemente. Beides wirkt zusammen, und dies in oft hochkomplizierter Weise. Auf den ersten Blick – in der ersten Begegnung – überschauen wir dies nicht. Und bei längerer, weiter wachsender Beziehung stehen im Erleben oft zunächst die positiven Wahrnehmungen und Gefühle im Vordergrund; das Paradebeispiel hierfür ist wohl die Verliebtheit (s. u.), bei der sich erst allmählich die beidseitigen widrigen Elemente und Regungen melden, wobei es natürlich auch umgekehrt sein kann. Viele Beziehungen kämen wohl gar nicht zustande, wenn es nicht eine solche zeitliche Stufung in der unterschiedlichen Qualität der beidseitigen Interaktionen gäbe. An den Partner-Beziehungen (s. u.) lässt sich dies am eindrucksvollsten beobachten. Dass dem so ist, darf wohl einfach unserem elementaren, primären Nähe-, Bindungs- und Geborgenheitsbedürfnis zugeschrieben werden, eben dem, dass wir auf „gelingende Beziehungen" angelegt sind (J. Bauer, s. o.).

Einer weiteren Bewertung braucht es für solche Bedürfnisse nicht. –

Für die Möglichkeit und das Entstehen von Herzlichkeit bedeutet dies allerdings, dass wir uns von der oben beschriebenen naiven Annahme grundsätzlich verabschieden müssen. Jede Art von Beziehungen hat ihre eigenen Entfaltungsbedingungen für Herzlichkeit, und innerhalb dieser spielt wiederum die Persönlichkeitsstruktur der beiden Menschen eine weitere, elementare Rolle (s. 2.). Vor allem: Je enger die psychische Beziehung, und gleichzeitig auch die permanente alltägliche Präsenz und Nähe – wie gerade in der Partnerschaft – umso schwieriger und uneinheitlicher gestalten sich in der Regel auch die situativen und inneren Bedingungen für das Herzlichsein. So kommt es, dass Herzlichkeit sich in sporadischen, begrenzten oder eher lockeren Beziehungsformen häufig weit besser entfalten und die Atmosphäre bestimmen kann als in festen, längeren und kontinuierlichen Beziehungen.

Dies lässt sich beispielhaft an einer der einfachsten, schon erwähnten Beziehungsformen aufzeigen, wie sie sich aus der beschriebenen Stufenreihe „Kontakt"-„Begegnung"-„Beziehung" (s. o.) ergeben: die *„Bekanntschaft"*. Folgt man der üblichen sprachlichen Bedeutung, handelt es sich hier zweifellos um eine Form von Beziehung. Es liegt eine gewisse Kenntnis voneinander vor, was ja schon der Begriff „Bekanntsein" selbst als Hauptmerkmal aussagt. Aber es besteht auch eine bestimmte Kontinuität dieser Beziehung, die sehr lange, ja lebenslang währen kann. Trotzdem muss sie sich nicht durch eine besondere Nähe auszeichnen, ja die Partner müssen sich auch im Laufe der Zeit nicht näherkommen oder sich gegenseitig besser kennenlernen. Gleichwohl kann jede Begegnung dieser Menschen bei jedem von ihnen spontane Freude und damit dann auch spontane Gefühle und Äußerungen von Herzlichkeit auslösen. Und dies ja gerade deshalb in unbelasteter Weise, weil die Begegnung oft unerwartet, meist von kurzer Dauer, und vor allem relativ unverbindlich ist. Vom kurzen Grußaustausch bis zur ernsten Information über Ereignisse und Lebensprobleme lässt sich in einem solchen Gespräch gut eine herzliche Note aufrechterhalten. Beispiel hierfür kann eine langjährige gute Nachbarschaft sein. Es zeigt, dass Herzlichkeit und Herzlichseinkönnen keinesfalls an tiefe Beziehungselemente gebunden sind – im Gegenteil: relative Unverbindlichkeit, und die damit verbundene innere Freiheit, sowie die begrenzte Zeit der Begegnung erfüllen offensichtlich besonders gut eine der psychischen Bedingungen für ein – herzliches – Offensein und Lockersein unter Bekannten.

Weitere, ebenfalls eher lockere Beziehungsformen, sind häufig durch äußere Vorgaben bestimmt, vor allem durch eine gemeinsame Zugehörigkeit zu bestimmten sozialen Strukturen. Sie bleiben insofern eher außengesteuert, führen aber in der Regel zu sehr intensiven, auch dauerhaften Formen von äußerer und psychischer Nähe. Zu nennen ist vor allem die Beziehungsform, die wir als *„Kameradschaft"* bezeichnen. Sie entsteht zunächst durch einen klaren organisatorischen Akt, der die sonstigen Begegnungs- und Beziehungsabläufe der Einzelnen völlig außer Betracht lässt und seitens einer übergeordneten Instanz so gewollt ist. Frühe Beispiele hierfür sind für uns alle Kindergarten und Schule, im Erwachsenenalter dann der Militärdienst und ähnlich straffe Formen, weiterhin die vielfältigen Vereine mit ihren jeweiligen Zielsetzungen, vor allem aber der Arbeitsplatz mit seiner komplexen Einbindung in die sonstigen Lebensabläufe. Hier werden Menschen jeweils einfach zusammengebracht, nebeneinander gesetzt, in vorgegebene Kommunikations- und Handlungsabläufe gezwungen – und es wird naiv oder vertrauensvoll vorausgesetzt, dass die Strukturen der Einzelnen diese verordnete Nähe auch zu bewältigen vermögen.

Dass eine solche Art von Kooperation im Allgemeinen doch relativ gut funktioniert, ist zweifellos der Kommunikationsfähigkeit, Motivation und auch Flexibilität der Einzelnen zu verdanken. Sicher weit weniger den organisatorischen Vorgaben – letztere können, z. B. in Behörde, Klinik oder Betrieb, durch Zeit- oder Konkurrenzdruck oft eher widrig sein. Der entscheidende psychologische Vorgang zeichnet sich hier wohl dadurch aus, dass es einerseits bei relativ distanzierten Kontakten, also rein funktionellen Abläufen zwischen den Beteiligten bleibt, andererseits aber aus Arbeitskontakten sehr rasch engere persönliche Beziehungen entstehen können. Diese tragen die Arbeitsabläufe und die Einsatzfreudigkeit zu einem erheblichen Maße mit, von der Vertretungsbereitschaft und Solidarität bis zur persönlichen Hilfestellung in Notsituationen. Die genaue Beobachtung kann hierbei zeigen, was an Gefühlen und Äußerungen von Herzlichkeit in solcher „Kameradschaft" wirksam ist, typischerweise oft eher versteckt oder in einen „rauen", „kumpelhaften" Ton eingebunden, dabei aber umso echter und tragfähiger. Wo solche Kameradschafts-Herzlichkeit entsteht, stellt sie oft das besondere, positiv wirksame atmosphärische Element in solchen Organisationen dar; und wohltuend wirksam ist sie auch schon in Form der „bloßen" Freundlichkeit, wie sie bereits als die „kleine Schwester der Herzlichkeit" (s. 3.) bezeichnet wurde. Als ein wesentlicher Faktor hierbei darf wohl auch die meist stabile Kontinuität solcher Beziehungen angesehen werden. Erleichternd kann sich auch auswirken, dass diese jeweils wieder, und meist ohne Dramatik, in eine distanziertere Beziehungsform zurückverwandelt werden können, wenn persönliche Schwierigkeiten auftreten. Der kameradschaftliche Rahmen braucht daran nicht zu zerbrechen, weil er ja von außen vorgegeben ist. Diese Art von Stabilität markiert auch einen bedeutenden Unterschied zu vielen anderen, engeren Beziehungsformen (s. u.).

Ebenfalls klar vorgegeben, und in einem eindeutigen Sinn unausweichlich, ist die Beziehungsform der *Verwandtschaft*. Man kann diese, gleichzeitig biologisch und sozial verankerte Vorgabe als schicksalhaft bezeichnen – wir können nichts an ihr selbst aussuchen und bestimmen, sie ist mit unserer Existenz elementar gegeben. So wird sie von den einen als Wohltat, von den anderen als Belastung erlebt, für die meisten Menschen bleibt dieses Eingebundensein jedoch eine komplexe Mischung von Positivem und Negativem, von Erfreulichem und Unerfreulichem, oder auch von Gleichgültigem und Akzeptablem in der eigenen Biographie und Gegenwart. Und dass hier eine höchst subjektive und affektbesetzte Sicht, vor allem auch Selektion und Bewertung der Ereignisse stattfindet, liegt im Wesen unserer psychischen Verstrickung mit unserer jeweiligen Vergangenheit.

Verwandtschaft besteht aber aus Menschen, solchen, die schon vor uns da waren, solchen, die dazugekommen sind, aus näherer und entfernterer Verwandtschaft. Sollen wir ihnen allen gegenüber Herzlichkeit aufbringen müssen? Müssen wir sie gar alle lieben können, „nur" weil wir mit ihnen verwandt sind? Diese Frage so aufzuwerfen, verpflichtet zu einer differenzierten Antwort. Die Natur gibt weithin solche Antworten auch selbst, weil hier vorrangig spontane Regungen und Affekte mit im Spiel sind. So wurde die Mutter-Kind-Beziehung und die Mutterliebe mit ihren sowohl fürsorglich-altruistischen als auch narzisstisch-egoistischen Anteilen bereits erwähnt (s. 3.), und sie darf sicher als Zentralbeispiel für eine herzliche Beziehung gelten. Dies, obwohl wir wissen, wie viele aggressive Anteile diese Beziehung gleichzeitig in sich birgt, und wie diese sich schon im Säug lingsalter seitens der Mutter (bzw. des Vaters), und im späteren Leben beidseitig äußern können. Welche Erkenntnisse die moderne Bindungstheorie hierzu beigebracht hat, wurde schon erwähnt (s. 2.). Beide Personen in dieser Generationenfolge sind unausweichlich aufeinander bezogen, sie können sich zwar äußerlich, aber nicht innerlich entrinnen. Wie brüchig hierbei die ursprüngliche herzliche Beziehung sein und später in Aversion oder gar Hass umschlagen kann, wissen wir Psychotherapeuten aus der täglichen Arbeit mit Patienten am besten.

Eine besondere Form der naturgegebenen, schicksalhaften Verwandtschaftsarten stellt die Geschwisterbeziehung dar. Geschwister können, wie sich zeigt, ein Leben lang in einer echt herzlichen Beziehung zueinander stehen, doch sie können sich genauso auch in permanenter problematischer Distanz oder in einem Feld von Vorwürfen und Hass bewegen und sich zermürben. Dabei ist hier der psychogenetische Hintergrund offensichtlich und ebenfalls unausweichlich: Der sogenannte Geschwisterneid, der dadurch entsteht, dass Geschwister untereinander seit frühester Kindheit um die Gunst der Bezugspersonen konkurrieren. Das Nachfolgemitglied in der Geschwisterreihe „entthront" das vorhergehende in dessen Erleben jeweils aus dem Zentrum der Aufmerksamkeit und Zuwendung; umgekehrt können die älteren Geschwister im Entwicklungsprozess früher Macht und Ansehen gewinnen oder in der Verteilungsreihe von Gütern vorne anstehen. Wir haben uns die Geschwister in dieser „Geschwisterrivalität" nicht ausgesucht, „sie sind – ähnlich wie die Eltern – einfach da. Und egal, wie nett sie sind: Sie sind unsere Konkurrenten", formuliert es W. Jordan (1996, S. 91f.).

Das Leben mag diese ursprüngliche Rivalitätssituation weithin überdecken, auch zu ihrer bewussten Überwindung führen, dennoch bleiben – wie bei so Vielem aus der Kindheit – deren Gefühlselemente im Verborgenen virulent und in typischen Situationen aktivierbar. Nur so kann man ja auch verstehen, welch heftige aggressive Affekte z. B. in Erbstreitigkeiten aufbrechen können – oft wegen relativer Kleinigkeiten, und obwohl hier ja alle unverdientermaßen etwas aus dem Füllhorn der vorangehenden Generation geschenkt bekommen. Für Außenstehende bleibt dazu oft nur ein Kopfschütteln übrig. Wo ist hier dann noch der psychische Raum für die Entstehung herzlicher Beziehungen? Kann man solche trotz derartiger Ur-Rivalitäten überhaupt erwarten, ohne dass sie von vornherein unterminiert sind? Die Antwort scheint einfach: Rivalität ist nur ein Teil des komplexen Beziehungsgefüges in der Kindheit. In gleicher Weise entsteht Bindung, Vertrautheit, Sympathie, Wohlwollen, Unterstützungsverhalten und Liebe. Frühe, aus dem „Herzen" kommende positive Gefühle bilden mit den Neidgefühlen das typische vielfältige seelische Beziehungsgeflecht, das eben auch zeitlebens viel Zwiespältiges, Ambivalentes in sich trägt. So ist auch gerade die Herzlichkeit in der Geschwisterbeziehung oft durch eine solche – untergründige, permanente oder zeitweilige – Ambivalenz geprägt. Und deshalb darf man sie, wenn sie dennoch einigermaßen gelingt, umso mehr hochschätzen.

Sicher eine der schönsten, weil freiesten und zugleich doch sehr verbindlichen Formen von Beziehungen stellt die *Freundschaft* dar. Schon Aristoteles (ca. 330 v. Chr./1957, S. 159) hat sie „eine Trefflichkeit menschlichen Wesens" genannt. Sie kann, wie wir wissen, aus kleinen Begegnungen, ebenso auch aus Bekanntschaften oder Kameradschaften erwachsen, und sie erhält ihre Qualität dadurch, dass beide Seiten besondere Offenheit und Vertrautheit einbringen. Hier kann sich, schon aufgrund dieser beiden Elemente, spontane, ungetrübte Herzlichkeit besonders gut und günstig entfalten, ob in den jeweiligen Begrüßungssituationen oder während des Zusammenseins. Da sich in Freundschaften typischerweise auch verlässliche Bindungen entwickeln, und damit auch Verbindlichkeit entsteht (s. o.), sind sich die beiden Menschen gleichzeitig immer auch Stütze und Hilfe in Problem-

und Notsituationen. Auch wenn es manchmal noch so sehr idealisiert werden mag, macht doch gerade dieses Potenzial das besondere Wesen von Freundschaft mit aus. Es lag nahe, in diesem Zusammenhang ja auch auf das große Lob der Freundschaft bei Friedrich Schiller hinzuweisen (s. 3.). Und es ist bemerkenswert, dass auch die Zeitschrift „Publik-Forum" dem Thema „Freundschaft" bewusst ein Extra-Heft widmete (Nr. 4/2007).

Die Art von herzlichen Gefühlen und herzlichem Verhalten in Freundschaften kann recht unterschiedliche Züge zeigen. Im typischen Fall der gleichgeschlechtlichen Freundschaft liegt der Schwerpunkt bei Männern oft in einem kumpel-haft-schulterklopfenden Stil, ein andermal im intensiven Gedankenaustausch, dann wieder in einem innig-verstehenden, sich einfach freudig annehmenden Begegnen, auch wenn dabei wenig Worte gemacht werden. Bei Frauen steht meist der sehr offene, persönliche und vertrauensvolle Gedankenaustausch im Vordergrund, der auch das Intimleben umfassen kann, dann das Besprechen von konkreten Problemen und Nöten, das „Herzausschütten" und Sichbeistehen; dazu gehört auch das Genießen des Zusammenseins und sich Naheseins sowie die „herzliche Atmosphäre" in der Betrachtung des Lebens um sich herum. Bei Freundschaften zwischen den beiden Geschlechtern spielt meist eine erotische Note, ob offen oder versteckt, mit eine bestimmende Rolle. Durch sie kann sich eine solche Freundschaft dann auch natürlicherweise in eine Intimbeziehung hineinentwickeln, und aus dieser dann auch eine Partnerschaft entstehen (s. u.). Gleichwohl sind, wie wir wissen, stabile Freundschaften zwischen Frauen und Männern ohne Intimbeziehung auch auf lange Zeit möglich, und sie entfalten, wenn es gut läuft, ihren eigenen Stil von Herzlichkeit in der Art der Zuneigung. Die genannte erotische Note kann einer solchen Beziehung eine besondere innere Anregung und Befruchtung geben. Dennoch bleibt die psychische Unabhängigkeit der beiden gewahrt, auch die Unabhängigkeit im äußeren Lebensstil.

Diese beiden Elemente, die Unabhängigkeit und die gleichzeitige Zuneigung, machen das Wesen von Freundschaft in besonderer Weise aus, ergänzt durch die schon genannte Verbindlichkeit im Füreinanderdasein. Von all den hier genannten und noch zu nennenden Beziehungen ist sie die freieste und souveränste, und doch schließt sie Verantwortung mit ein, aus der genannten Entwicklung von Verbindlichkeit heraus. Der Volksmund sagt zwar: „Freunde in der Not, kommen tausend auf ein Lot", und möchte damit die Unzuverlässigkeit von Freundschaft in wirklicher Not benennen. Es bedürfte vielerlei Vergleiche mit anderen Beziehungsformen und eine differenzierte Betrachtung, um dies zu bewerten. Hier geht es einfach um die Herzlichkeit in Freundschaften und um deren besondere Qualität, die sich ja oft schon in der Begrüßungsform, z. B. der Art der Umarmung, zeigt. Und vielleicht kommt das, was wir „Wertschätzung" nennen, am reinsten und unverfälschsten gerade in freundschaftlichen Beziehungen zum Ausdruck, gerade aus der genannten Freiheit heraus, die nicht mit Belohnungsbedürfnissen oder Neidgedanken belastet ist. „Wertschätzung", sagt Barbara Mettler-v. Meibom (2006), sei „eine Haltung des Herzens, aus der wir uns selbst und anderen begegnen" (S. 142).

Die intensivste zwischenmenschliche Beziehung ist zweifellos die *Partnerschaft*. Von den Rahmenbedingungen her verkörpert sie – zumindest heute und in unserem Kulturkreis – die denkbar freieste und dabei intensivste und intimste Wahl zwischen zwei Menschen. Und von daher müsste man – naiv gesehen – eigentlich annehmen, dass diese ungetrübte Wahl im Zusammenfinden zweier Partner zu einem ebenso ungetrübten Einklang der Sehnsüchte, Bedürfnisse und Erwartungen führt. Und ebenso, dass diese Wahl – von „Herz" zu

„Herz" – dann auch der Garant für eine tiefe und bleibende Herzlichkeit zwischen den beiden sein müsste. Dass dem nicht so ist, liegt weithin darin begründet, dass diese Wahl zwar äußerlich, aber nicht innerlich, intrapsychisch, „frei" ist.

Die Rede ist hier von Partnerschaft einfach im Sinn des gemeinschaftlichen Zusammenlebens zweier Menschen, unabhängig von der äußeren Form, also ob in Ehe, eheähnlicher Gemeinschaft oder sogenannter Lebensabschnittspartnerschaft. Und es geht hier nicht darum, die komplexen Vorgänge in der Partnerwahl und dann der weiteren Entwicklung bei einem solchen Paar darzustellen. Sie interessieren nur soweit, als auch die Dynamik der Herzlichkeit schicksalhaft in diese Komplexität eingebunden ist. Zeigt die Erfahrung, dass beide Seiten im anfänglichen Beziehungsabschnitt, der Verliebtheit, auch ungetrübt herzlich miteinander umgehen, so verschwindet diese Herzlichkeit in Konfliktsituationen oft abrupt und erst recht in Zeiten anhaltender Zerwürfnisse und Entfremdungen. Offenbar ist die Entstehung von herzlicher Offenheit gerade hier an die Erfüllung von Wünschen und Erwartungen gebunden, also an die Phantasien, die uns in der Partnerwahl bewegen. „Unseren Beziehungen liegt immer eine Beziehungsphantasie zugrunde. Diese Beziehungsphantasien sind dann am lebendigsten, wenn wir verliebt sind … Wenn wir diese Bilder nicht mehr aufrechterhalten können und anfangen, einander aus Enttäuschung zu entwerten, dann erfolgt der Absturz" (V. Kast, 1984, S. 19 und 20).

Selbstverständlich gibt es viele Partnerschaften, in denen es beiden gelingt – oft mit viel Arbeit an sich selbst –, trotz der unvermeidlichen Enttäuschung von Erwartungen, die positive Grundbeziehung beiderseits aufrechtzuerhalten. Hier bleibt dann auch die Fähigkeit zu einer Art Basis-Herzlichkeit, zur herzlichen Wertschätzung und Offenheit, bei aller

Ernüchterung weiter wirksam. Ohne ins Unechte und Ge-
künstelte abzugleiten, können sich dabei Formen von spontaner und von gewollter Herzlichkeit (s. 2.) durchaus ab-
wechseln; sie bleiben akzeptiert und können die Basis zu
immer wieder neuen Annäherungen bilden, auch zum Erhalt
von Liebe. Viel schwieriger wird es bei Beziehungsformen,
bei denen die ursprünglichen Erwartungen wirklich „abstür-
zen" und anscheinend ganz zerbrechen. Dann können gerade
die Elemente und Persönlichkeitszüge, die die spezifische
Partnerwahl bewusst – und erst recht unbewusst – bestimmt
haben, den Partnerkonflikt ihrerseits scheinbar paradoxerweise dominieren. Besonders heftig entwickeln sich solche
Zerwürfnisse bei ausgesprochen neurotischer Partnerwahl
(Näheres s. J. Willi, 1985, S. 147f., 152 f. und 289). Wir wissen, dass dann die ursprüngliche Verliebtheit und Liebe geradezu in Abneigung und Hass umschlagen kann, was für
den Außenstehenden oft kaum verständlich wird.

So erweist sich also gerade die Partnerschaft, die intensivste
und intimste Beziehungsform, als ein sehr problematischer
Boden für ein Leben in besonderer und vor allem in bestän-
diger Herzlichkeit. Doch solches zu erwarten wäre auch
schon eine Art illusionärer Beziehungsphantasie. Psychologisch betrachtet ist diese Problematik nicht verwunderlich.
Sie spiegelt die Höhen und Tiefen, die Sehnsüchte und Enttäuschungen, die Freuden und das Leid in dem komplexen
Geflecht „Partnerschaft" wider. Und gerade hier wird auch
besonders deutlich, dass die mögliche Intensität einer Gefühlsregung und einer emotionalen Ausrichtung keinesfalls
verknüpft ist mit ihrer möglichen Kontinuität; dies sind
psychodynamisch und psychoenergetisch zwei verschiedene
Ebenen, wovon noch die Rede sein wird (s. u.).

Es wurde deutlich, wie unterschiedlich der Zusammenhang
zwischen einzelnen Arten menschlicher Beziehungen und der

Entwicklung von Herzlichkeit ist. In Bekanntschaft, Kameradschaft, Verwandtschaft, Freundschaft und Partnerschaft
lassen sich hierzu beispielhaft bestimmte Beziehungsformen
aufzeigen, die zwar alle von den „bloßen" Begegnungen ab-
grenzbar sind, ihrerseits aber große psychologische, soziale
und existenzielle Unterscheidungsmerkmale aufweisen. Die
Fähigkeit zur Herzlichkeit, und dann auch die Wirkung von
Herzlichkeit, ist hier stark bestimmt von der jeweiligen psychischen und sozialen Situation. Sie bleibt aber offensichtlich
relativ unabhängig von der Tiefe und der inneren Verbindlichkeit der jeweiligen Beziehung. So kann sie auch in einer
lockeren Bekanntschaft viel spontaner, offener und intensiver sein als z. B. in einer verwandtschaftlichen oder gar part-
nerschaftlichen Beziehung mit deren vielfältigen emotionalen
Ober- und Unterströmungen. Dies wurde schon mit dem
Hinweis auf eine gewisse „Psycho-Logik" aufgezeigt (s. o.).
Vielleicht lässt sich die genannte Beobachtung in eine Folge-
rung bringen: Je „einfacher" eine Beziehung strukturiert ist,
umso mehr spontane, lockere Herzlichkeit wird in ihr jeweils möglich, und je komplexer sie sich gestaltet, umso brü-
chiger, unsicherer und störbarer zeigt sich in ihr die Neigung
zu herzlichem Verhalten. Und so entspricht es auch der allgemeinen Lebenserfahrung: Belastung und Verunsicherung
bremst Herzlichkeit.

Intensität von Herzlichkeit – wie dauerhaft kann diese sein?

Tiefe, Intensität und gleichzeitige Beständigkeit von guten
Gefühlen – unser emotionales Wunschdenken, überhaupt un-
sere Lebenssehnsucht geht voll in diese Richtung. Es ist die
Sehnsucht nach dem Paradies, in diesem Fall nach dem Pa-
radies der immerwährenden guten Gefühle, oder nach dem
Uterus als dem Urerleben von Geborgenheit und Wohlfüh-

len, das sich hier in uns rührt. Die Herzlichkeit in all ihren vielfältigen Äußerungsformen ist eines dieser guten Gefühle, sei es nun die Herzlichkeit, die von uns selbst ausgeht, oder die Herzlichkeit, die wir von anderen empfangen. Beidemal spüren wir Wohlsein, Lebensfreude, innere Stimmigkeit und Geborgenheit, eine warme Welt oder gar die berühmte „heile Welt". Und was ist – in Anbetracht von so viel „unheiler Welt" und von so viel „Herzenskälte" – verständlicher als der Wunsch und die Erwartung, dass dieses Wohlgefühl andauern sollte – möglichst auf immer?

So sind wir Menschen angelegt. Und dieses Thema wird auch in vielfältiger Weise in der Literatur, in Wissenschaft, Philosophie und Psychologie, besungen und bearbeitet. Der wohltuende Schauer guter Gefühle, Berührungs- oder gar Verschmelzungserlebnisse mit einem anderen Menschen, das intensive Spüren von Nähe, Wärme und lustvoller Erregung – alles trägt den inneren Impuls und die Sehnsucht nach Dauerhaftigkeit in sich. Auf eindrücklichste und kürzeste Weise kommt dies im berühmten „Tanzlied" oder „Rundgesang" von Friedrich Nietzsche (1883/1994) aus dem „Zarathustra" zum Ausdruck:

„Doch alle Lust will Ewigkeit –
will tiefe, tiefe Ewigkeit!" (S. 239 und 341).

Doch gerade diese Sehnsucht erfährt durch den Ablauf unserer Lust- und Erregungskurve, durch den raschen Wechsel der inneren und äußeren Szenerie ein oft sehr grobes und hartes „Halt". Wir wissen es ja aus der persönlichen Lebenserfahrung, in der uns die Endlichkeit all unseren Fühlens und Erlebens so häufig entgegentritt.

Auch die Dauer und das Schicksal von spontanen „Herzlichkeitsgefühlen" zeigt sich diesem harten Lebensgesetz in gleicher Weise unterworfen. Dies trifft für alltägliche Begegnun-

gen und anhaltende Beziehungen ebenso zu wie für außer-
gewöhnliche Lebenszustände. Einen solchen Zustand stellt
vor allem die schon erwähnte Verliebtheit dar (s. o.), in die
ein hohes Maß an Herzlichkeit, im Fühlen und Verhalten,
eingewoben ist. Glücklich die Paare, denen, aus welchen
Gründen auch immer, eine lange Dauer der Verliebtheits-
phase vergönnt ist – aber die Unendlichkeitssehnsucht, „bis
zum Tode", erfüllt sich seltenst. Und je intensiver, desto kür-
zer: diese Regelerfahrung gilt meist auch hier.

Der eigentliche Prototyp gewaltiger, oft hinreißender, herr-
licher Gefühlswallung ist aber der Höhepunkt sexueller Erregung, der Orgasmus. Und gerade er unterliegt der genannten Regel am deutlichsten: heftig, aber kurz! Der bekannte
Psychoanalytiker Erich Fromm (1956), der die verschiedenen
Arten „orgiastischer Erlebnisse" mit einer Form selbst aus-
gelöster „Trance" vergleicht (S. 28), nennt als eines ihrer
wichtigsten Kennzeichen, dass „ihre Wirkung schnell ver-
geht" (S. 29). Wir wissen, wie fatal dies für Beziehungen sein
kann, wenn außer der Lust keine anderen, gerade nicht auf
der Gefühlsebene liegenden Beziehungsanteile dauerhaft wirksam sind. Ein ähnlich intensives Trance-Element liegt auch
dem sogenannten „Flow-Erlebnis", dem impulsiven Antriebs-
und Überflutungsgefühl, zugrunde, das den orgiastischen Erlebnissen verwandt ist und eines der Geheimnisse freudvol-
ler intensiver Aktivitätsepisoden, von „Glücklichsein" überhaupt, im Leben ausmacht. M. Csikszentmihalyi (1996), der
diese Erregungsformen besonders erforscht hat, führt als
ein Charakteristikum für das Flow-Erlebnis u. a. auf, dass es
„nur schwer über längere Zeit hinweg aufrechtzuerhalten"
sei, und dass „die Verschmelzung mit der eigenen Aktivität
nur kurze Zeitspannen" dauere (S. 61). Auch hier treffen wir
auf die typische Gegensätzlichkeit, das intrapsychische Ge-
geneinander, die harte energetische Regel: je intensiver, desto
weniger dauerhaft. Und man muss dies wohl in größerem

Zusammenhang aller Regulationsprozesse im körperlichen und seelischen Bereich sehen. Die „mittlere Lage", bei Körpertemperatur, Blutdruck und Blutzucker ebenso wie bei Stimmung, Antrieb und Affekten, ist Garant und Basis für die Dauerhaftigkeit und damit den Erhalt der wichtigen Lebensprozesse. Der starke Ausschlag ist als positives Lebenselement nur möglich, wenn seine Einregulierung wieder gelingt, also um den Preis seiner Kürze und Endlichkeit.

Konsequenz hieraus für die Herzlichkeit als Emotion: Schön, beglückend und befreiend ist sie, wenn sie in uns, oder von anderen auf uns zukommend, das Gefühl guter und stimmiger Nähe zu Menschen aufkommen lässt. Und auch kleine, zaghafte Zeichen von Herzlichkeit sollten wir als wertvoll begrüßen – gerade vor dem bisher besprochenen Hintergrund, dass großartige, heftige Gefühlswallungen viel eher von nur kurzer Dauer sein können. Deshalb gehört es wohl zur Lebensreife und auch zur Lebenskunst, ein, wenn auch nur kurzes, doch schönes Erleben besonders schätzen zu lernen. So wie im Alter, wenn gerade wegen der nur noch kurzen verbleibenden Lebensstrecke jeder Tag erst recht seinen besonderen Wert bekommt.

Zweifellos gibt es auch Menschen, die von ihrer Persönlichkeitsstruktur her eher zum stärkeren emotionalen Schwingen neigen: mal ins aufwallende freudige, auch rasch herzliche Nähe ausstrahlende Verhalten hinein, und dann wieder zu einem eher gedrückten, passiven und wenig Lebendigkeit zeigenden Gemütszustand hin. Wir kennen dies als das berühmte „himmelhoch jauchzend – zum Tode betrübt" von J. W. v. Goethe („Egmont"; 3. Aufz., „Klärchens Lied", S. 122). Hier ist dann Herstellung von herzlicher Nähe nur in der positiven Schwingungsphase möglich, und da dann freilich meist in hoher Intensität. Sie bleibt von kurzer Dauer, weil die innerseelischen Vorgänge es nicht anders zulassen, was auch nur zum Teil mit äußeren Anlässen zu tun hat. Es wäre auch eine Fehleinschätzung, die positive, heitere Emotion in solcher Herzlichkeit mit dem Symptom „Heiterkeit" in einer Manie gleichzusetzen. Denn die Heiterkeit des Manikers ist meist mit einer situationsunangepassten gehobenen Stimmung und störendem Rededrang kombiniert, sie bekommt auch rasch eine typischerweise getrieben-reizbar-aggressive Tönung; und sie ist deutlich entfernt von einer warmherzig-wohlwollenden Grundeinstellung (Näheres s. V. Faust, 1995, S. 145).

In der wissenschaftlichen Persönlichkeitslehre hat man bei dem, was hier gemeint ist, auch von „akzentuierten Persönlichkeiten" gesprochen. Es handelt sich dabei um Menschen, die weder psychisch krank noch sonstwie abnorm sind, also auch nicht zur Gruppe der manisch-depressiv Kranken gehören, die sich aber in einer einzelnen Wesenseigenschaft hervorheben; ihr Entstehen gilt, nach K. Leonhard (1968), sowohl als „Folge angeborener Wesensart" als auch von „verschiedener Entwicklung" (S. 11), in entsprechendem Zusammenwirken. Zu ihnen gehört nun auch – in Ergänzung zu den schon besprochenen Persönlichkeitstypen (s. 2.) – die sogenannte „überschwängliche Wesensart", die sich in Menschen zeigt, die sich sehr rasch und intensiv für andere Menschen, aber auch für Natur, Sport, Kunst oder Religion begeistern, und die hierin eine intensive Hingabe entwickeln (S. 108). Dieser Überschwang, eben als Teil einer Schwingung, verliert sich aber folgerichtig oft sehr rasch wieder und kann dann sogar in eine negative Gefühlswelt hineinschwingen. Ist er speziell herzlich getönt, dann kann diese Herzlichkeit – oft zur Irritation der Mitmenschen – sehr rasch in sich zusammensinken, obwohl sie „echt" war.

Intensität und Dauerhaftigkeit: Zwei verschiedene Elemente und Zielgrößen im Leben, die sich meist ausschließen. Sie verkörpern, wie hier zu zeigen versucht wurde, gleichzeitige Bedürfnisse und Sehnsüchte, die aber nicht gleichzeitig ihre Erfüllung finden können. Je intensiver und stärker ein Gefühl oder eine Lust, ein Ergriffensein, umso rascher klingen und sinken diese in ein eher durchschnittliches Empfinden und Verhalten ab. Der Preis der Kontinuität und Konstanz im Leben liegt im Verzichtenmüssen auf Dauerhaftigkeit von Spitzenerlebnissen und intensiven Emotionen. – Natürlich sind dies sehr allgemeine Aussagen; sie sollen aber das typische Spannungsfeld verdeutlichen, in das auch das Thema Herzlichkeit eingebunden ist. Es ist Teil des seelischen Lebens, und so auch den Bedingungen und Gesetzen des seelischen Lebens unterworfen.

Ein solches Eingebundensein hat freilich nicht nur schmerzliche, sondern ebenso auch befreiende Aspekte: Wir können uns von der Überforderung – an uns und an andere – lösen, dass zu einem herzlichen Verhalten, zu einem „herzlichen Menschen" immer eine anhaltende Intensität, ein starker Gefühlsausdruck gehören müsse. Wir können uns und anderen zugestehen, dass auf herzliche Gefühlswallung auch neutraleres Verhalten und Fühlen, eine Art „Abschlaffen" folgen darf und oft muss. Und wir können die vielen durchschnittlichen, besonders auch die zarten, angedeuteten Zeichen von herzlichen Gefühlen und Bindungen schätzen, die andere uns entgegenbringen, oder die wir selbst zum Ausdruck bringen können. Eine intensive Herzlichkeit kann das eine Ideal sein, das wir aber meist nur im Rahmen einer kurzen Zeitspanne verwirklichen können. Eine dauerhafte Herzlichkeit kann das andere Ideal sein, seine Verwirklichung vollzieht sich dabei aber in den Grenzen von durchschnittlichen Empfindungen und alltäglichen Gesten des Wohlwollens und der Zuneigung. Beides sind Beziehungselemente, beides ist Ausdruck von Wertschätzung und Liebe, beides gibt es im Leben. – Wir stehen hier vor der alten Bewertungsthematik, die wir auch aus dem religiösen Raum kennen: Hier die helle Flamme der frommen Begeisterung und Hingabe, aber auch als rasch versiegendes Strohfeuer, dort die gleichbleibende, dabei oft unscheinbare Glut, dafür aber auch als Ausdruck von Treue und Beständigkeit. Aus alledem erwächst die Frage, wie sich unter solchen psychischen Gegebenheiten Herzlichkeit im konkreten Leben am besten leben, gestalten und erhalten lässt – das Thema des folgenden Kapitels.

Können wir Herzlichkeit gestalten?

Auf dem Abschlussgottesdienst des 31. Evangelischen Kirchentags in Köln am 10. Juni 2007 hat der Kirchentagspräsident, Reinhard Höppner, die Menge der Teilnehmer zum Schluss aufgefordert, sich zu trauen, dem Menschen neben sich einfach die Hand auf die Schulter zu legen und in sein Gesicht zu schauen. Die meisten trauten sich, nahmen den Impuls auf und erlebten ein offenes, oft strahlendes Gesicht neben sich, das Nähe, Wärme, Angerührtheit ausdrückte. Viele empfanden dies als „besonderes Erlebnis". Es war eine Variante des Friedensgrußes durch Händeschütteln, wie er seit langem in Gottesdiensten nach dem Vaterunser üblich ist, ebenfalls verbunden mit einem gegenseitigen wohlwollenden und antwortgebenden Sichanschauen. Unverkennbar steigt in diesen Gebärden oder Ritualen ein Stück Herzlichkeit mit auf, bei machen spontan-freudig, bei manchen zaghaft-schüchtern.

Man muss ja bedenken, dass sich unter den Gottesdienstbesuchern immer wieder auch Menschen befinden, die primär Angst vor zu viel Nähe anderer – körperlich und seelisch – haben. Für diese kann ein solches kleines Annäherungszeichen schon „zu viel" sein und so einen Anflug von Bedrängnis in sich bergen. Nicht alle Menschen erleben eine forschnaive religiöse Verbrüderungsatmosphäre als hilfreich, manchen nimmt sie den Atem, besonders unter dem Druck, dass es gerade jetzt sein soll. Hier ist zweifellos Achtsamkeit gefragt und Rücksicht gefordert, ein Herausspüren dessen, was emotional beim anderen Menschen möglich, und was für ihn schon zu viel an Nähe ist. So bleibt auch die sogenannte „Volkskirche", mit ihrer – ja oft beklagten – relativen Anonymität und Vereinzelung im Gottesdienst, für gerade solche Menschen das noch am besten lebbare und erträgliche Angebot. In der vereinnahmenden „Brüderlichkeit" und umarmenden „Herzlichkeit" mancher charismatischer oder pietistischer Gruppierungen fühlen sich Menschen dieser Art unwohl, eingeengt und bedrängt, und sie verschließen sich dann aus Angst vor dieser Art von Nähe.

Nähe, gerade auch herzliche Nähe, ist etwas, das im zwischenmenschlichen Feld das eine Mal in voller spontaner Urtümlichkeit und Wärme stürmisch aufbrechen kann, bis hin zu enger, fester Umarmung und freudigem Ansichdrücken. Und sie ist etwas, das sich ein anderes Mal nur in zarter, scheuer Annäherung, mit Gespür für die momentanen Grenzen des anderen Menschen, vielleicht nur in der Mimik und ohne jegliche Berührung, andeuten kann. Die Botschaft, die in diesen Zeichen liegt, bleibt dabei dieselbe. Und wieder macht es einen deutlichen Unterschied aus, ob solche Zeichen von Nähe und Wärme in einem besonderen Gemeinschaftserlebnis von außen angeregt werden, wie in dem beschriebenen Gottesdienst, oder ob sie in der Begegnung zwischen zwei Menschen zu einem wichtigen Signal für die bestehende, vielleicht auch ersehnte Beziehung werden. Jedes Mal gestalten wir Herzlichkeit individuell, setzen all unser Wissen und Spüren für das ein, was jetzt gerade gut und angebracht ist, wählen also aus verschiedenen Möglichkeiten in unserem „Repertoire" aus. Es kann sehr danebengehen, wenn wir uns nur von unserem eigenen Impuls, unserer eigenen

Stimmungslage treiben lassen. Dieses „Gestalten" von Herzlichkeit, also ihr für jede Begegnung und Beziehung eine jeweilige besondere „Gestalt" geben können, macht mit die Fähigkeit zum guten Zusammenleben aus: einmal impulsiv-stürmisch herzlich sein können, ein andermal vertraulich-locker und ein weiteres Mal auch verhalten-zart – und dazwischen wiederum ein jeweiliges Gestalten in vielen kleinen Nuancen. Zweifellos: wenn wir Herzlichkeit, also die Äußerungen unserer herzlichen Gestimmtheit und Einstellung, nicht mit Gespür für die Situation so unterschiedlich gestalten könnten, würden wir womöglich beim einen Menschen dreist und plump Grenzen verletzen und beim anderen ängstlich und reserviert auf dessen Nähe-Bedürfnisse nicht eingehen können.

Natürlich kann es dennoch geschehen und geschieht immer wieder, dass wir uns in dieser Gestaltung von herzlichen Äußerungen „vergreifen", so wie man sich auch sonst „im Ton" vergreifen kann. Wo Leben ist und Leben pulsiert, ist dies unvermeidlich. Wir können nicht immer richtig einschätzen, was unser Gegenüber gerade jetzt als Zuwendungsart und vor allem auch Zuwendungsdosis gerne hätte, was sie oder er ertragen kann oder sich wünscht. Und so bleibt es eben oft auch ein – sich freilich lohnendes – Wagnis, Herzlichkeit zu zeigen (s. 6.). Um andererseits die gröberen Ausrutscher von vornherein zu begrenzen, haben sich ja auch in der gesellschaftlichen Entwicklung Regeln und Verhaltensmuster herausgebildet, die als eine Art kollektives Regulativ fungieren. In ihnen ist weithin das enthalten, was wir unter „Höflichkeit", „Anstandsregeln", „Konventionen" oder „Etikette" verstehen. Diesem viel kritisierten Bereich kommt, wie wir nur zu gut wissen, die so notwendige Funktion zu, den Rahmen des zwischenmenschlich Erträglichen, des Möglichen und auch Schicklichen abzustecken – für unser Thema also auch den möglichen Äußerungsformen von Herzlichkeit und herzlicher Annäherung einen gut annehmbaren Rahmen zu geben. Innerhalb dieses Rahmens liegt der Gestaltungsraum für die beschriebenen Formen von Herzlichkeit, für die dann gleichwohl das Gespür für die individuelle Situation wichtig bleibt. Der bekannte Vergleich der Höflichkeitsformen mit einem Luftkissen – „es ist scheinbar gar nichts drin, und doch mildert es sehr die Stöße" – darf wohl auch hier gelten, und darüber hinaus: Wenn uns Höflichkeit mit herzlicher Ausstrahlung gepaart entgegenkommt, vermag sie uns selbst offener und weicher zu stimmen, viel eher bereit, auch unangenehme Realitäten anzuerkennen und anzunehmen.

Was aber nun ist schlimmer im Leben, ein Zuviel an Herzlichkeit oder ein Zuwenig? Wäre diese – wohl etwas seltsam klingende – Frage einfach als Alternative zu beantworten, wären viele schwierige Situationen, Begegnungen und Beziehungen einfach zu regulieren. Aber wie wir wissen, ist dem nicht so. Auch wenn sich, wie schon einleitend gesagt, die allermeisten Menschen ein von mehr echter Herzlichkeit geprägtes menschliches Zusammensein wünschen: solche allgemeine Sehnsucht macht in den Niederungen des Alltags oft rasch einer inneren Angst und Unbehaglichkeit, und damit einer Abwehr von zu viel Nähe seitens anderer Menschen Platz. Und gleichzeitig kann diese Sehnsucht nach mehr mitmenschlicher Wärme ungemindert und sogar noch stärker im Untergrund spürbar und wirksam bleiben und sich nicht selten in Traurigkeit, Unzufriedenheit oder der Einforderung von mehr Zuwendung ausdrücken. Könnten wir Herzlichkeit nicht je nach mitmenschlicher Situation bewusst gestalten und modulieren, wären viele Begegnungen und Beziehungen weitaus schwieriger ins Positive zu lenken. Man darf aber wohl – einmal von der beschriebenen Grundsehnsucht der Menschen und zum anderen von der Erfahrung her – die Aussage wagen, dass das beklagte „Zuwenig" an Herzlichkeit in unserer heutigen Welt das weitaus Schlimmere ist, ja

dass es ein wirkliches Defizit im menschlichen Zusammenleben ausmacht; und dass man demgegenüber einer möglichen Überschreitung der Nähe-Grenzen eines Menschen
durch zu überschwängliche Herzlichkeit dann doch eine ge-
ringere Bedeutung zumessen darf. Dies wird bei den Ausführungen zur Herzlichkeit in der Patienten-Beziehung noch
deutlicher zur Sprache kommen (s. 5.).

Im Konkreten, aus den typischen Alltagssituationen heraus,
lassen sich die Möglichkeiten zur Äußerung und Gestaltung
von Herzlichkeit – oder aber zu ihrer Unterbindung und Ver-
nachlässigung – gut darstellen. Das Anschauungsfeld reicht
von der beschriebenen typischen Situation der Verkäuferin
an der Supermarktkasse, der Bedienung im Restaurant, dem
Beamten am Schalter, bis zu der Krankenschwester am Bett,
dem Vorgesetzten im Betrieb oder der Heilgymnastin in ihrer
Aktion. In all diesen exemplarischen Lebensbereichen sind
es individuelle Persönlichkeiten mit komplexem Vergangen-
heits- und Gegenwarts-Hintergrund, mit einer Vielfalt von
Erlebnissen, belastenden und freudigen, aus denen heraus sie
zur täglichen Arbeit kommen. Der Außenstehende ist nicht
im geringsten in der Lage, sich ein zutreffendes Bild von der
wirklichen Seelenlage dieser Menschen zu machen, geschweige denn von deren Persönlichkeitsstruktur, und erst recht
nicht von dem „Paket", das sie auf ihrem Rücken tragen.
Dennoch stufen wir sie permanent irgendwie ein: in „freundlich" und „unfreundlich", in „aufgeschlossen" und „muffig",
in „zuvorkommend" und „überheblich", in „friedlich" und
„aggressiv", natürlich auch in „herzlich" und „gefühlskalt".
Und wir verbinden mit diesen äußeren Kennzeichnungen
gleichzeitig ein Werturteil, das sich naiv aus unseren Erwartungen speist. Wie sehr wir hierbei „danebenliegen" können,
muss uns schon die normale Erfahrung sagen. Wie aber lässt
sich – trotz solcher nicht durchschaubarer Lebenszusam-
menhänge – die Möglichkeit, herzlich zu sein und solche

Herzlichkeit auch zu gestalten, überhaupt einschätzen oder gar einfordern?

In einem Thermalbad, das ich öfters besuche, wird, wie in vielen solcher Bädern üblich, stündlich Wassergymnastik angeboten, jeweils für die Dauer von zehn Minuten. Ein Angebot, das ich gern in Anspruch nehme, weil es dem Körper und überhaupt dem ganzen Menschen merklich gut tut. Gleichzeitig ist dies für mich aber auch ein interessantes Beobachtungsfeld: einmal die Gesichter der Mitbadenden, ob sie offen oder verschlossen wirken, freudig oder bedrückt, lebendig oder unbeweglich; vor allem aber das Gesicht und die Stimme der Gymnastin oder des Gymnasten, ob sie sich in diesen zehn Minuten, bei aller Konzentration auf die Übungen, bemühen oder es schaffen, lebendigen Kontakt zu den Badenden aufzunehmen; und noch konkreter, ob sie es fertigbringen, einzelne dieser Badenden abwechselnd anzuschauen, über einen fröhlichen Gesichtsausdruck ein freudiges Gefühl rüberzubringen, auch mal einen Spaß zu machen, kurz, „Herz" zu zeigen. Zugegeben, die Gesichter der Badenden strahlen meist auch nicht allzu viel davon aus, eher ein ernstes Insichgekehrtsein, sodass von diesen wenig Gegenanregung ausgeht. Frappierend bleibt dennoch die unterschiedliche Art und Weise der jeweiligen Gymnastinnen und Gymnasten, diese Wassergymnastik durchzuführen, das heißt die Atmosphäre, in der sie sie jeweils gestalten: warmherzig-fröhlich, oder aber unbeteiligt-verschlossen, und in vielerlei Nuancen dazwischen.

Das jeweilige Ineinanderspielen von Persönlichkeitsstruktur, Erlebnishintergrund und Tageskondition, um das wir ja wissen, lässt eine wirklich zutreffende Bewertung solcher Unterschiede hier nicht zu. Dennoch darf es wohl erlaubt sein, ein gewisses Bemühen um eine Art „Basis-Freundlichkeit" und um situative Kontaktaufnahme zu erwarten, wenigstens für diese jeweils zehn Minuten. Von Überforderung kann dabei ja gewiss nicht die Rede sein. Auch gilt für diesen Beruf nun mal als eine seiner menschlichen Voraussetzungen die Freude an körperlicher Nähe und die Fähigkeit zu einer solchen Basis-Freundlichkeit. Und da Freundlichkeit ja die „kleine Schwester der Herzlichkeit" ist (s. o. und 3.), erwächst aus einem solchen Bemühen dann auch die Möglichkeit für innere Ansätze von herzlichem Verhalten. So wird es möglich, Herzlichkeit in kleinem Umfang zu gestalten. Das hier ausführlicher geschilderte Beispiel sollte verdeutlichen, dass dies konkret geschehen kann, wenn es nur gewollt wird. Und es zeigt, wie sehr sich eine Atmosphäre im Beruflichen und im Privaten durch nur kleine Nuancen und Signale der Zuwendung gestalten und damit verändern lässt.

Es gibt heute auch viele Beispiele dafür, wie man allein durch die Veränderung des äußeren Rahmens der Begegnung die Kommunikation verbessern und damit auch mehr Nähe und eine gute Atmosphäre herstellen kann: so die weitgehende Ablösung der alten „Schalter"-Situation bei Post, Banken, Bahn u. a. durch ein offenes Arrangement, ohne Trennwände und Glasscheiben, sodass sich beide Menschen als volle Personen und in Augenhöhe wahrnehmen und begegnen können. Aus dem früheren „Bittsteller" ist der „Kunde" geworden, es ist mehr menschliche Nähe entstanden, und damit auch oft die Möglichkeit, sichtbare Zeichen von Freundlichkeit oder gar Herzlichkeit in Mimik, Gestik und Sprache einzubringen. Man sollte das, was sich hier als deutlicher Fortschritt in der Begegnungsform und Begegnungskultur entwickelt hat, nicht geringschätzen, etwa durch einen Hinweis auf die angeblich „nur" ökonomischen Hintergründe einer solchen besseren Kundenorientierung. Wo offenere und angenehmere äußere Begegnung möglich ist, wird auch eine bessere Atmosphäre solcher Begegnung möglich, und wo diese besser möglich wird, hat auch ihre positive Gestaltung bessere Chancen. Und zweifellos haben es die Beteiligten ein Stück weit in der Hand, auf diese Atmosphäre Einfluss zu nehmen, und zwar indem sie den anderen auch bei einem noch so kurzen Kontakt wertschätzen. In der alltäglichen Gestaltung von Freundlichkeit und Herzlichkeit, die hier möglich ist, zählen die kleinen Zeichen. Es geht dabei, wie schon besprochen (s. o.), weder um besondere Intensität noch um besondere Dauer. Fraglos aber gewinnt das Zusammenleben durch solche kleinen Zeichen an Freude, Leichtigkeit und Wertschätzung.

In welchem Rahmen menschliche Begegnungen stattfinden, welche Atmosphäre herrscht, welche emotionalen Anregungen aus ihr wie von selbst entspringen oder aber im Ansatz abgeblockt werden – wir wissen um den elementaren Einfluss der jeweiligen Situation. Offenheit, Lockerheit, herzliche Regungen sind unmöglich, wo Hektik, Misstrauen und gegenseitige Angst herrschen. Sie können sich aber entfalten, wo Entspanntheit, Vertrautheit und Geborgenheit den Ton bestimmen. Oft ist es nur ein gemeinsam geschätztes Detail, das eine solche gute Atmosphäre zu schaffen vermag, etwas, in dem eine besondere emotionale Kraft liegt.

Hier darf man vor allem und fraglos die Musik nennen, der nicht umsonst selbst unter Fremden enorm verbindende Fähigkeiten zugeschrieben werden. Das bekannte Sprichwort: „Wo man singt, da lass dich ruhig nieder, böse Menschen haben keine Lieder", hat zweifellos einen großen Wahrheits- und Erfahrungsgehalt, den auch Gegenbeispiele nicht entkräften können. Wer es oft selbst und oft unerwartet erlebt hat, welch wohltuende Gefühlswellen vom gemeinsamen Liedersingen, aber auch vom stillen Musikhören ausgehen können, ist hiervon ohnehin schon überzeugt. Natürlich kann ein Musikstück sehr unterschiedliche Emotionen auslösen. Es kann spontan herzliche Regungen und Anregungen wecken, aber auch Emotionen wachrufen, die sich erst im zwischen-menschlichen Kontakt situationsgerecht gestalten lassen, so wie auch die Musik selbst, bei aller eruptiver Emotionalität, ihre eigene, oft strenge Form und Gestalt behält. Die Musik-therapie, die ja heute aus einer guten psychiatrischen und psychotherapeutischen Klinik nicht mehr wegzudenken ist (Näheres hierzu s. G. Harrer, 1995, S. 743 bis 745; F. Meck-lenbeck, 2002, S. 1034 bis 1037), hat längst entdeckt, was hier der Seele gut tut: die Anregung positiver Lebensgefühle, das Zulassen von Spontaneität und innerem Antwortgeben, die gleichzeitige Vermittlung von Form und Begrenzung im Verhalten, ob nun in Art der „aktiven" oder der sogenannten „rezeptiven" Musiktherapie. Hierzu gehört auch das Anneh-men von seelischen Höhen und Tiefen, die Verarbeitung von Hellem und Dunklem im Leben, alles in einer Atmosphäre, die eine geheimnisvoll tröstende Wirkung hat. Weil bei der Musik aber immer „Herz" im Spiel ist, wird sie auch für das Erleben und die Gestaltung von Herzlichkeit zu einem ganz besonderen Feld. Man kann dies in den Verwandlungen er-leben, die sie in Gefühl, Mimik und Regungen der Menschen bewirkt. In ganz ähnlicher Weise sind es auch religiöse Ge-fühle, eine Atmosphäre des Getragenseins und Geborgen-seins in einem Gottesdienst oder einem sakralen Raum, die eine innere Offenheit und gleichzeitig herzliche Verbunden-heit mit den anderen Menschen spüren lassen können, natürlich noch verstärkt durch geistliche Musik. Der bereits erwähnte Friedensgruß als kleines, aber wirksames Zeichen, in dem Herzlichkeit eine deutliche Gestalt annehmen kann, kommt ja auch aus einem solchen, atmosphärisch schon vor-bereiteten inneren Geschehen.

Die Frage, ob wir Herzlichkeit nicht nur als spontane Re-gung erleben, sondern auch gestalten können, wirft schließ-lich aber erneut die andere Frage auf, wie weit sie dabei noch „echt" sein kann. Diesem Problem wurde unter dem Gesichtspunkt von „spontaner" und „gewollter" Herzlichkeit (s. 2.) bereits ausführlicher nachgegangen. Sinngemäß gelten hier dieselben Antworten: dass wir mit unseren Gefühlen, Regungen und Impulsen ja ständig situationsgerecht so umgehen müssen, dass dies zur gelingenden menschlichen Sozialisation taugt und beiträgt. So kann ich meine Freude, meine Zuneigung oder meinen Ärger, meine Wut entsprechend gemeinverträglich regulieren und ausdrücken, also selbst gestalten, ohne „unecht" zu sein. Das Wesentliche ist, dass ich im Fühlen und Wollen „ich selbst" bleibe, meine Identität bewahre. Der Übergang zum „Täuschen" und „Vortäuschen", zum „Verstellen" oder „Vormachen" beginnt dann, wenn diese Identität, diese „Ichhaftigkeit" eines Gefühls oder eines Impulses verloren gegangen ist. Dann kann es keine Gestaltung, keine Variation einer echten Regung mehr sein, sondern wird zum unguten emotionalen Manöver einem anderen Menschen gegenüber.

Wir können Herzlichkeit also zweifellos gestalten. Und dies mit dem Ziel, der Fähigkeit zu einer solchen freundlichen, wohlwollenden und verbindenden Regung, die wir mit „herzlich" meinen, auch entsprechenden Ausdruck zu verleihen. Ein Ausdruck, der in dieser seiner besonderen Gefühlsart erkennbar und echt ist, dabei aber auch den anderen Menschen mit Achtsamkeit und Rücksicht in dieses besondere Gefühl einschließt. So kann – wie oben beschrieben – Herzlichkeit und Herzlichsein einmal jemanden in überschäumender Weise in eine heftige Umarmung einschließen, und ein andermal sich einem Menschen nur mit zartem Händedruck und freundlichem Blick in die Augen mitteilen. Wieweit das jeweils „echt" ist, bemisst sich nach eigenen inneren Kriterien. Auch dem bekannten rituellen „Bruderkuss" unter Politikern und Staatsmännern sieht man nicht an, welche Emotionen sich hinter ihm verbergen. Der Abstand zum echten Ausdruck von Herzlichkeit und ihrer behutsamen Gestaltung kann enorm sein. Der mögliche Missbrauch solcher symbolischer Gesten vermag aber niemals das Schöne außer Kraft zu setzen, das in der Fähigkeit liegt, herzlichen Regungen auch eine gute äußere Form und Gestalt zu geben.

5.
Herzlichkeit im Umgang mit Patienten

Wie viel „Herz" kann, soll und darf sein?

In der Begegnung und Beziehung zwischen Arzt und Patient
– selbstverständlich sind hier Ärztinnen und Patientinnen
immer mit gemeint – ist die Rahmensituation vom Ansatz
her zweifellos eine andere als bei den meisten sonstigen
Kontakten. Zwar werden heute, und zu Recht, die „Part-
nerschaftlichkeit" und „Gleichwertigkeit" als anzustrebende
Kommunikationsebene in der Medizin hervorgehoben, im
bewussten Gegensatz zu einer herkömmlich sehr verbreite-
ten, eher autoritär-entmündigenden Umgangsweise. Doch die
primär bestehende Unterschiedlichkeit und Ungleichheit der
Ausgangssituationen wirkt dennoch als hintergründige Realität: Auf der einen Seite der Patient als Hilfsbedürftiger,
Hilfesuchender, auf professionelle Zuwendung Angewiese-
ner, der sich letztlich in der „schwächeren" Position befin-
det; auf der anderen Seite der Arzt, bzw. der Therapeut oder
Helfer, als Hilfeleistender, Wissender und Kompetenzträger,
der aus der „stärkeren" Position heraus handelt. Doch die
gleichzeitig angestrebte Nähe und Vertraulichkeit unterschei-
det diese Art der Kommunikation von anderen ähnlichen
„Konsultationen" und Begegnungsformen, wie sie schon beschrieben wurden, z. B. am Postschalter, im Restaurant, bei
einer Behörde.

Dieser typische Unterschied in der Ausgangssituation
zwischen den beiden Menschen lässt sich nicht einfach verleugnen und aufheben, er kann, im kritischen Bewusstsein
seiner Wirksamkeit, nur einigermaßen gestaltet, gehandhabt
oder aber verwandelt werden.

Dass diese so geartete Begegnungssituation dabei auch auf Helfer- und Therapeutenseite eine stabilisierende und das eigene Selbstwertgefühl stützende Auswirkung hat, ist hinreichend belegt und erforscht. Wir wissen, dass dem sogenannten „Helfer-Syndrom", in der ihm eigenen Psychodynamik, nicht nur situativ solche wichtigen kompensierenden Funktionen zukommen (s. W. Schmidbauer, 1977, S. 7 und 9 ff.; 2007, Titel); vielmehr wird auch schon die einschlägige Berufswahl auf sozialem und therapeutischem Gebiet von solchen selbststabilisierenden Impulsen und Motiven bestimmt. Deshalb gehört auch die Erkennung und Handhabung solcher neurotischer Eigenanteile mittels Introspektion, Selbsterfahrung und Supervision zu Recht zum Standard der Ausbildung – zumindest in den psychologisch ausgerichteten Fächern. Eine in diesem Sinn typische „Helfer-Mentalität" berührt das Thema „Herzlichkeit" insofern, als auch bei ihr das Bedürfnis, Anerkennung und damit Selbstbestätigung seitens der Patienten zu bekommen, sich sowohl günstig als auch problematisch auf das emotionale Verhalten und die Beziehungssituation auswirken kann (s. u.).

Wie differenziert jeweils die Frage zu handhaben ist, wie viel „Herz" und wie viel spürbare „Herzlichkeit" und damit auch Nähe wir in der Patientenbegegnung zulassen sollen, lässt sich besonders im Umgang mit psychisch Kranken zeigen (Näheres s. u.). Generell gilt freilich für alle Arten von therapeutischen Beziehungen, dass ein menschlich positives Vertrauensverhältnis einen ihrer wesentlichen Wirkfaktoren darstellt. Und der Anteil an „Herz" darin bildet, neben der Verlässlichkeit und der Kompetenz, dessen emotionalen Kern. Wie sich eine solche Haltung in der konkreten Begegnung auch wirklich erreichen lässt, dafür hat der bekannte Psychotherapeut und Vertreter einer „humanistischen Psychologie", C. Rogers (1951), mit der Herausstellung der drei Elemente des „psychotherapeutischen Basisverhaltens" die bis jetzt wohl

beste Annäherung gefunden: Er nennt die „emotionale Wertschätzung", die „Einfühlung" (Empathie) und die „Echtheit"
(Kongruenz) als Grundlage der Einstellung (S. 35 ff. u. 43).
Wenn auch ursprünglich für die Gesprächstherapie im methodisch engeren Sinn formuliert, hat eine solche Haltung
grundlegende Bedeutung für alle Arten therapeutischer Beziehungen.

Dennoch bedürfen auch solche elementaren Einstellungs-
elemente der bewussten Gestaltung, wie wir es ja schon für
die Herzlichkeit allgemein ausgeführt haben (s. 4.). Es gäbe
emotionale Unklarheit, oder gar emotionales Chaos, ließe
man hier nur naiv und unkontrolliert spontane Gefühle zu.
Denn die Arzt-Patienten-Beziehung bedarf der inneren Struk-
turierung, natürlich ebenso wie die Beziehung der anderen
therapeutischen oder medizinischen Bezugspersonen zum jeweiligen Patienten (s. u.). Dies gilt hier auch für die so unver-
zichtbare, grundlegend menschliche Haltung der „Einfühlung" (Empathie). „Der Empathie-Begriff zeigt am deutlichsten die notwendige, aber auch riskante Beziehung des Therapeuten zum Patienten", formuliert der Psychiater J. E. Meyer
(1989); deshalb grenzt er das „empathische Verstehen" gegenüber dem „unmittelbaren Mitfühlen" ab, ebenso auch
gegenüber der unbewussten Identifizierung, der Sympathie,
dem Mitleid und auch dem bloßen Bedauern; für den Therapeuten hätten die „essentielle Bedeutung der Empathie für
die Therapie, aber auch die Gefahren einer unkontrollierten
Empathie" gleichermaßen im Blickpunkt zu stehen (S. 105).

Auch zu dem hier angeführten Element der „Echtheit" (Kongruenz), das ja schon in anderem Zusammenhang besprochen wurde (s. 2.), wäre Kritisches zu sagen. Nach H. Stoffer
(1963) ist „echt" das „Sprechen ... aus dem Zentrum oder
vom Boden der Gestimmtheit", also das „stimmige" Sprechen, bei dem auch Stimmlichkeit und sonstiges Gebaren mit

der Stimmung übereinstimmen; deshalb würde sich „echt" und „unecht" wesentlich auf Gefühle beziehen (S. 20). In der Patientenbeziehung in diesem Sinn „echt" zu sein, erfordert freilich mehr als nur naive, wenn auch stimmige Gefühlsäußerung. Die Mitverantwortung für die Wirkung dessen, was der Patient von mir und an mir erlebt, auch die mögliche Fehlverarbeitung meiner Worte und Gebärden, liegt weithin mit auf meiner Seite. Echtheit kann deshalb nie Unkontrolliertheit und Unbedachtheit heißen. Ob ich den Patienten z. B. meinen eigenen Frust oder meinen eigenen Ärger über ihn, oder andere – negative oder positive – sogenannte Gegenübertragungsgefühle spüren lasse bzw. ihm dies mitteile, ist eine Sache höchst sorgfältiger therapeutischer Handhabung. Es kann im einen Fall richtig und förderlich, im anderen Fall antitherapeutisch und schädlich sein. Und auch die viel diskutierte „Wahrheit am Krankenbett" gehört zu diesem Kreis von schwierigen existenziellen Situationen; sie stellt das Paradebeispiel dafür dar, wie überlegt und verantwortungsvoll man abzuwägen hat, was und in welcher Form dem Patienten oder der Patientin jeweils an schicksalsträchtigen Informationen zugemutet werden kann.

„Herz" zu zeigen, heißt in solchen prekären Situationen, aber auch in der alltäglichen Kommunikation, dem Patienten aus Nähe, Wohlwollen und Einfühlung heraus „echt" zu begegnen, also innerlich für ihn „da" zu sein. Gleichzeitig wird es aber, was wohl deutlich geworden ist, immer nur eine bewusst kontrollierte Gefühlsäußerung sein können. Dies widerspricht nicht ihrer Echtheit, auch nicht ihrer Spontaneität. Denn wenn ich sie zulasse, habe ich mir ja überlegt, bzw. spüre ich, dass sie in der jetzigen Situation mit dem jetzigen Patienten angemessen, gut und förderlich ist. Eine solche Einstellung muss es auch aushalten können, wenn Misstrauen, Ablehnung oder Enttäuschung seitens der Patienten auf mich zukommen, wenn die erwartete Anerkennung des eigenen Einsatzes also ausbleibt. Gerade der bereits beschriebene, zunächst unaufhebbare Unterschied zwischen „Helfer" und „Hilfeempfänger", macht es so wichtig, dass auch in kritischen therapeutischen Beziehungssituationen, und da erst recht, die gemeinsame menschliche Ebene der grundsätzlichen Nähe nicht verloren geht. Mit anderen Worten: dass das „Herz" dabeibleibt – und dies zu bewahren ist gewiss oft sehr schwer.

Wie viel „Herz" kann, soll und darf also sein in der Patientenbeziehung? Die Frage ist, wie sich zeigt, nicht mit einfachen Formeln zu beantworten. Die vielen Situationen, die innere und äußere Distanz nötig machen, und die vielen Situationen, in denen umgekehrt deutliche Nähe gefragt ist, erfordern je eine besondere, flexible, und dabei dennoch stimmige Einstellung. Im Umgang mit psychisch Kranken im engeren Sinn wird dies, wie schon gesagt, besonders deutlich (s. u.). Und es ist eine durchaus erlernbare Fähigkeit, immer besser die jeweils richtige Verhaltensweise in sich zu entwickeln. Zweifellos gilt auch, dass in einer bewussten Zurückhaltung dennoch viel „Herz" wirksam sein kann, und dass äußerlich sehr „herzlich" wirkende Gesten andererseits oft nicht erkennen lassen, wie wenig echte Nähe manchmal hinter ihnen steht. Man kann sich in der Beurteilung solcher Verhaltensweisen enorm täuschen, denn Verhalten ist ja immer mehrdeutig und verschieden interpretierbar. Dass jedoch die Welt der Medizin und der Therapie insgesamt ein Mehr an „Herz" dringend braucht, ist wohl überdeutlich und soll auch Thema des folgenden Kapitels sein. Mit mehr „Herz" als zugelassenem Gefühl kommt aber auch, als natürliche Folge, mehr „Herzlichkeit" in die Begegnung.

Die heutige Medizin:
Chancen und Verlust von Herzlichkeit

Man sollte meinen, dass die eigentlich recht große Gestaltungsfreiheit in der Begegnung zwischen Ärztin/Arzt und Patientin/Patient einen natürlichen Raum für wohltuende Begrüßungsabläufe und ein freundliches Kennenlernen schaffen würde. Etwa so, dass beide das Gefühl einer, wenn auch kurzen, gegenseitig wertschätzenden Begegnung haben, in der der andere als Mensch wahrgenommen wird. Dasselbe gilt natürlich, in abgewandelter Form, auch für das sonstige medizinische Personal: Krankenschwestern und Krankenpfleger, medizinisch technische Assistentinnen, Krankengymnasten, Ergotherapeuten oder Physiotherapeuten (s. auch u.). Es handelt sich ja für die Patienten um eine Ausnahmesituation, das Zusammentreffen geschieht aus Gründen von Krankheit oder Krankheitsverdacht, als Unterbruch des Alltagsverlaufs und der sonst so selbstverständlichen Gesundheit. Oft ist es ein schicksalhaftes Herausgerissensein aus bisher naiv gelebtem Wohlbefinden, gar mit offenem Ausgang. Solche Situationen sind immer Chancen für die Herstellung von besonderer Nähe, von Überbrückung von Distanz und Konvention, zum Zeigen von Gefühlen – und so auch von Herz und Herzlichkeit. Das Bedürfnis hierzu liegt meist sogar auf beiden Seiten, beim Patienten durch sein Leiden und seine Zuwendungsbedürftigkeit, bei der Helfergruppe durch ihre Berufswahl und ihre Anerkennungsbedürftigkeit (s. o.).

Dass eine solche Chance im alltäglichen Medizinbetrieb heute oft jämmerlich vertan wird, oder schon gar nicht aufkommen kann, wird viel beklagt. Das Defizit hat viele Gründe. Wo direkte Untersuchungen mit Körperkontakt durch komplizierte, oft auch angstmachende Apparaturen ersetzt werden, wo unguter Zeitdruck und Hektik herrschen und zu einer „Durchschleuse"- oder „Kabinenmedizin" führen, wo das

Wirtschaftlichkeitsgebot und die Kostenbudgetierung immer mehr personelle und finanzielle Engpässe schaffen, bleibt als Erstes die wertschätzende Begegnung und das persönliche Gespräch auf der Strecke. An diese aber ist ein warmer Ton in der Stimme, sind Regungen und Signale von Herzlichkeit gebunden, und natürlich auch deren psychische Wirkung. Gemeint ist das, was mit „sprechender Medizin" bezeichnet wird, also die verbale Zuwendung, das Zuhören und das Ernstnehmen der vorgetragenen Beschwerden, das Wahrnehmen des menschlichen Leidens, das hinter all dem steht. Hierzu gehört vor allem auch, den „richtigen Ton" im Umgang mit dem Patienten zu finden, und der findet sich auch nur, wenn innere Ruhe und ein Minimum an Zeit zur Einfühlung bleibt.

Das genannte Defizit an persönlicher Zuwendung wird heute, wie gesagt, vielfältig beklagt. Es gibt aber auch deutliche Gegenbewegungen. In ihrem Artikel „Medizin braucht Mitgefühl" berichtet Eva Baumann-Lerch über den Kongress „Medizin, Achtsamkeit und Mitgefühl" in Köln 2007 (Publik-Forum 15/2007, S. 12–16). Hier wird der häufige Ausfall an persönlicher Zuwendung drastisch beschrieben: „Dem deutschen Gesundheitswesen stehen aufwändige Diagnosegeräte zur Verfügung. Doch für die heilsame Wirkung von Gesprächen und Zuwendung ist oft keine Zeit" (S. 13). Und es wird auf neuere Ergebnisse der Hirnforschung verwiesen, wonach persönliche Zuwendung, Empathie und Achtsamkeit gegenüber dem Kranken einen positiven, auch messbaren Effekt im Hirnbereich zeigen. „Wo persönliche Heilungsgeschichten wenig bedeuten und das Wohlbefinden des Patienten kaum ins Gewicht fällt, müssen Hirnforschung und Fallstudien den Beweis erbringen, dass Zuwendung und Achtsamkeit tatsächlich heilen" (ebd.). Diese Stimme ist nur eine unter vielen, die zu einer Rückbesinnung auf die ehemalige klassische Tradition der persönlichen Zuwendung im Medizinwesen

mahnen. Das Anliegen ist durchaus auch schon in die Emp-
fehlungen zur ärztlichen Aus- und Weiterbildung eingegan-
gen. Der Psychiater H.-J. Bochnik (2000), der sich in verschiedenen Gremien mit dieser Problematik befasst hat,
spricht in seinen Leitlinien von der „Not leidenden Kunst
des ärztlichen Verhaltens" und bezeichnet dieses als die „vier-
te Säule der ärztlichen Kompetenz", neben Wissen, Können
und Erfahrung. Und das „ärztliche Gespräch" ist für ihn dabei „ein Hauptstück des ärztlichen Verhaltens" (S. 97, 98 u.
102).

Zweifellos gibt es zahlreiche Konstellationen im Medizinbetrieb, ambulant und stationär, die schon aus sich heraus
zu einer Überforderung sowohl von Personal als auch von
Patienten führen. Dazu sind die jeweiligen Kontakt- und
Beziehungssituationen oft einfach zu unerwartet, zu kurz,
zu unkoordiniert, oder aber zu hart und zu belastend. Wer
nach drei Stunden Wartezeit in einem überfüllten Wartezim-
mer aufgerufen wird und nun möglichst schnell seine Beschwerden oder gar seinen damit verbundenen persönlichen
Kummer vortragen soll, ist dazu oft sprachlich oder emotional einfach nicht mehr fähig. Der im Zeitdruck gejagte, von
Patient zu Patient mit immer neuen Problemen und Anliegen
konfrontierte Arzt auf der anderen Seite, kommt schon in
seiner rationalen, geschweige denn seiner emotionalen Um-
schaltfähigkeit an seine Grenzen. Und wer, schwer krank, im
Klinikbett nach Hilfe klingelt, sieht vielleicht sein äußeres
Anliegen erfüllt, doch sein dahinter liegender Wunsch nach
freundlicher Zuwendung und Nähe bleibt oft unerfüllt. Die
durch eine Vielzahl von gleichzeitigen Aufgaben überlastete
Schwester, oder der in seinen vielfältigen diagnostischen
Überlegungen gefangene Arzt können nur kurz – oder gar
abwehrend – reagieren. Damit laufen Erwartungen und Bedürfnisse einerseits und Erfüllungsversuche und deren harte
Begrenzung andererseits aneinander vorbei. Beide Menschen

sind in einer fatalen Situation. Und die Frage steht elementar im Raum, wie unausweichlich diese Situation von heute tatsächlich ist, und was sich effektiv an ihr ändern ließe.

Dass die Kommunikationsformen in den Patientenbegegnungen auch in der modernen Medizin nicht unausweichlich in einer so frustrierenden, kühlen und verkürzten Art ablaufen müssen, zeigt eine Fülle von Gegenbeispielen und heutigen Gegenbewegungen, wie bereits genannt. Oft wird ja auf die „frühere" alte Hausarztpraxis verwiesen, wo die Beteiligten sich gekannt haben, und auch die warmherzige Betreuung im kleinen Krankenhaus, wo der jeweilige Zeitaufwand noch nicht in Kontaktminuten gemessen wurde. Dies zu Recht, doch auch „damals" wurden Zuwendungserwartungen zuweilen schon vernachlässigt oder enttäuscht. Denn es geht hier ja immer um Begegnung zwischen einzelnen Menschen mit ihren Strukturen und Eigenproblemen, und dabei eben um menschliche Begegnungsstile. Die Frage ist, welche Verbesserungen der Umgangs- und Begegnungsformen zwischen Patientinnen und Patienten und den vielen Personen, die im Medizinbetrieb tätig sind, heute möglich sein können, und noch mehr, welche man fordern muss. Diese Frage zu stellen, heißt, ein Riesenproblem aufzuwerfen oder gar anzupacken. Dabei geht es hier nicht um Reformvorschläge im Gesundheitswesen, das alte Dauerthema. Es geht um unser Thema hier, die Herzlichkeit, und um deren – zu fördernde und zu verbessernde – Rolle im Umgang mit Patienten.

Hängen Geld und Herzlichkeit zusammen? Kommt das emotionale Defizit von den Sparzwängen mit ihren Auswirkungen auf die pro Patient verfügbare Zuwendungszeit, auf Pflegesätze, Fallpauschalen und Personalbudget? Ist es der moderne Schichtbetrieb, in dem dieselben Bezugspersonen weniger lange präsent sind, was das Kennenlernen des einzelnen Patienten erschwert und was dann auch die Entwicklung von Wertschätzung und Nähe hemmt? Liegt es an der immer mehr verkürzten Arbeitszeit mit stärkerer Verlagerung des persönlichen Identifikationsschwerpunkts auf den privaten Bereich, was dem beruflichen Bereich dann weniger „Herz" lässt? Führt die vermehrte Inanspruchnahme des Personals durch Konzentration auf die Handhabung moderner medizinischer Apparate zu einer Ausblendung oder gar Verkümmerung menschlicher Empathie- und Zuwendungsbereitschaft? Und überhaupt: Haben sich vielleicht die Menschen verändert, die in der heutigen Medizin tätig sind? Sind sie im Umgang mit Patienten „herzlichkeitsunfähiger" und „einfühlungsunfähiger" geworden? Dem Zugang zu diesen Berufen geht ja keinerlei menschliche Eignungsprüfung oder Auswahl voran, am wenigsten beim Medizinstudium. Nur die Elemente des Helfer-Syndroms, die schon beschrieben wurden (s. o.), wirken hier partiell motivierend. Insofern wären die Persönlichkeitsprofile in unserem Berufsspektrum ein einigermaßen analoges Abbild der heutigen Menschen mit ihren Einstellungen und Zielen überhaupt. Doch schon in der Einleitung (s. 1.) wurde davor gewarnt, von unserer heutigen Zeit zu behaupten, dass sie „Herz" und „Herzlichkeit" besonders gering achte, dass in ihr weithin Gefühlskälte, Verschlossenheit und Mangel an emotionaler Wärme den Ton bestimmen würden, und dass es ja „früher" viel besser gewesen sei.

Was auch in den obigen Überlegungen an jeweiligen Erklärungselementen für den beklagten Zustand enthalten sein mag: Schaut man sich die konkreten Begegnungssituationen mit Patienten an, so sind es vor allem immer einzelne, individuell handelnde Menschen, die „Herz" zeigen, Nähe herstellen und diese zulassen, und andere eben nicht. Es liegt am wenigsten an den typischen Kontaktsituationen selbst, denn diese sind ja für beide gleich. Anders aber ist es mit der Fähigkeit und der Bereitschaft, den Patienten wertzuschätzen, ihm zumindest mit Freundlichkeit – der „kleinen Schwester" der Herzlichkeit (s. 3. und 4.) –, wenn nicht schon direkt herzlich, zu begegnen. Und bei Licht betrachtet ist das übliche Argument, es sei zu wenig Zeit für warmherzige Zuwendung da, weithin eine Ausrede. Freundliches, herzliches, wohlwollendes Lächeln, Wärme in der Stimme und anteilnehmender Zuspruch kosten vielleicht einige Sekunden mehr, aber sie bewirken dabei etwas sehr Wichtiges und Heilsames. Und wo diese zusätzlichen Sekunden – manchmal auch tatsächlich Minuten – nicht mehr möglich sind, darf mit Sicherheit einem solchen Medizinbetrieb attestiert werden, dass an ihm etwas grundsätzlich nicht stimmt. Ob Praxis oder Klinik: Jeder und jede der hier Tätigen ist für die herrschende Atmosphäre ein Stück mit zuständig und verantwortlich.

Bei den hier beschriebenen emotionalen Defizitsituationen im Verhalten gegenüber Patienten geht es, wie deutlich geworden ist, um elementare Begegnungs- und Kontaktstile. Gefühlsmäßige Verschlossenheit, Kargheit und Überdrüssigkeit wirken sich gerade hier psychisch viel nachteiliger aus, als es oft den Anschein hat. Dabei genügt manchmal schon eine geringfügige Bereitschaft, mehr Freundlichkeit und Offenheit zu zeigen, um die Atmosphäre zu verbessern. Es geht hier auch nicht um die ganz andere Frage, wie viel Nähe und wie viel „Herz" ich zulassen soll, wie viel davon „sein darf" (s. o.); solche, ja bereits beschriebenen Begrenzungen liegen ganz am anderen Ende der Skala der Zuwendungsprobleme. Was jeweils im Verhalten richtig und nötig ist, beantwortet sich in der alltäglichen Begegnungspraxis zumeist von selbst, einfach aufgrund der jeweiligen Rahmenbedingungen. So besteht z. B. die Gefahr in der Situation der klinischen Visite gewiss nicht darin, dass ein Zuviel an Herzlichkeit und Nähe eingebracht wird. Es ist ja nur allzu bekannt, und es spielt in vielen Patientenklagen zu Recht eine Rolle, dass umgekehrt solche Krankenbett- und Krankenzimmer-Visiten viel zu sehr als menschlich steriles Ritual ablaufen, dass sie auch oftmals nur dem medizinischen Informationsaustausch dienen – trotz des vielversprechenden Namens „Visite", was ja einen „Besuch" beim Patienten verheißt. Ein solches, oft auch angstverbreitendes Ritual ist, gelinde gesagt, ein alltäglicher Missstand in vielen unserer Krankenhäuser, immer noch. Und selbst die üblichen Begrüßungs- und Verabschiedungsabläufe entbehren oft des einfachen Anstands: so, wenn z. B. ein Arzt beim Händedruck dem Patienten nicht einmal ins Auge schaut, und wenn er bei der Verabschiedung, dessen Hand haltend, schon den nächsten im Blick hat oder sich mit den Umstehenden unterhält. Dies sind scheinbar ganz kleine Dinge, aber sie wirken, und an ihnen wird umgekehrt deutlich, was hier mit „Herz" gemeint ist, einfach das wertschätzende, achtsame und wohlwollende Annehmen des Patienten „auf Augenhöhe". Denn dieser ist ja als Leidender und Hilfebedürftiger ohnehin in der schwächeren und untergeordneten Position.

Wiederum soll betont werden, dass die Verhaltensweisen in Begegnungen, auch im medizinischen Bereich, eine Sache der handelnden Personen sind. Sonst gäbe es, bei vergleichbaren Rahmenbedingungen, nicht so große Unterschiede im jeweiligen Umgang mit Patienten. Freilich können die mentalen Anforderungen an Konzentration und Umsicht in einer immer komplizierter werdenden Apparatemedizin es erschweren, auch ausreichend auf die psychische Seite des Patienten einzugehen. Und für den genannten, viel diskutierten heutigen Zeitdruck und Zeitmangel darf dies gleichermaßen gelten. Doch gerade wenn dem so ist, muss die Konsequenz hieraus sein, bei sich selbst noch viel bewusster auf die Fähigkeit und die Bereitschaft zu Offenheit und Einfühlung und damit auch zu Freundlichkeit und Herzlichkeit zu achten und diese zu kultivieren. Wer das nicht kann, ist fehl am Platz. Dies mag ein hartes Wort sein, doch es muss im Interesse der Sache gesagt werden. Harte Rahmenbedingungen im Gesundheitswesen, und dazu auch Organisationsmängel, sind das eine. Aber harte persönliche Einstellungen, und dazu auch menschliche Mängel, sind das andere. Deshalb wäre Vieles real veränderbar, und dem beschriebenen Verlust an Herzlichkeit im Medizinbetrieb stehen die Chancen ihrer Zulassung und Förderung gegenüber.

Nochmals: Offenes, achtsames und einfühlendes Verhalten dem Patienten gegenüber, und ein freundliches oder gar herzliches Begegnen, entspringt einer grundsätzlichen Einstellung, freilich auch einer grundsätzlichen Fähigkeit in der Persönlichkeitsstruktur. Dies wurde schon ausführlich dargestellt (s. 2.). Aber wir haben in uns auch die Möglichkeit und die Fähigkeit zur besseren Zulassung und Entfaltung solcher Eigenschaften. Auch Empathie und Wertschätzung lässt sich erlernen, wenn nur der Wille dazu vorhanden ist, so wie es auch eine „gewollte" Herzlichkeit im positiven Sinn gibt (s. 2.).

Als ehemaliger Ärztlicher Direktor eines großen psychiatrischen Krankenhauses und als akademischer Lehrer weiß ich, wovon ich hier rede. Der medizinische und therapeutische Alltag mit seinen vielerlei Ärgerlichkeiten, Pannen und Frustrationen ist wahrlich kein Blumenbeet, auf dem die Früchte der Herzlichkeit von selbst wachsen. Hätten daher die vielen Berufsgruppen, die in der körperlichen und psychischen Medizin tätig sind, nicht aus sich heraus das Potenzial, fatale Begegnungssituationen zu ändern und „gute" Kontaktstile zu entwickeln, stünde es schlecht um die hier vorgetragenen Anliegen. So gehört es zur Anforderung und zur durchaus erlernbaren Kunst in unserem Beruf – im Unterschied zu dem oben beschriebenen Verhalten –, sich zum Beispiel in einem kurzen Besinnungsmoment mit wohlwollendem Blickkontakt vom einen Patienten zu verabschieden, und sich dann einem anderen in gleicher wertschätzender Weise, ebenso intensiv – und vielleicht sogar „herzlich" – zuzuwenden. Und was sich an Kurzbegegnungen erläutern lässt, gilt auch insgesamt für die Vielzahl von Kontakt- und Begegnungsarten in diesem Berufsfeld. Herzlichkeit im Umgang mit Patienten ist gestaltbar, sie kann wachsen, sich zeigen, sich aus ihren Blockaden lösen, zur Freude aller „da" sein.

Ein schwieriger Bereich: Herzlichkeit in Psychiatrie und Psychotherapie

Es mag zunächst paradox klingen, dass ausgerechnet da, wo es um das Innerste des Menschen, um das Seelenleben, die Psyche, das Gemüthafte und seine Störungen geht, das Zeigen von Herzlichkeit zu Schwierigkeiten führen soll. Wo doch Herzlichkeit ebenfalls von innen kommt, und die persönliche Nähe und Offenheit, die mit ihr gegeben ist, doch schon aus sich heraus wohltuend und heilsam wirken müsste. „Menschliche Nähe heilt alle Wunden" – so könnte diese, ja weit verbreitete Überzeugung auf den Punkt gebracht werden. Schon bisher wurde freilich darauf hingewiesen, dass gerade bei psychisch Kranken besonders sorgfältig mit eigenen Gefühlsäußerungen umgegangen werden sollte (s. o.). Die Frage, wie viel „Herz" und Nähe und wie viel spürbare Herzlichkeit wir hier in der Patientenbegegnung zulassen und zeigen sollen, muss erfahrungsgemäß sehr differenziert beantwortet werden, in jedem Fall niemals generell oder schematisch. Und nirgendwo sonst in der Heilkunde müssen wir, je nach Art und Symptomatik der Krankheit, so einfühlend und subtil mit den jeweiligen Nähe-Bedürfnissen oder aber Nähe-Ängsten der Patienten selbst umgehen. Denn Herzlichkeit ist nun einmal, von ihrem Wesen her, stets ein Signal deutlicher emotionaler und menschlicher Nähe.

Die hier gemeinte, besonders differenzierungsbedürftige, ein- und vorfühlende Haltung lässt sich an zwei relativ klaren Beispielen aus dem engeren psychiatrischen Bereich verdeutlichen. So ist vor allem das Welterleben und demzufolge das Begegnungsverhalten der meisten schizophren Erkrankten durch ein zwiespältiges Verhältnis gerade zur Nähe anderer Menschen bestimmt. In der Fachsprache wird dies als Ambivalenz-Konflikt zwischen Nähe und Distanz bezeichnet. Aufgrund ihrer Ich-Schwäche und Ich-Entgrenzung entwickeln diese Menschen Angst vor zu viel Nähe zu den als Ich-stark und deshalb als übermächtig erlebten Gesunden. Aus dem gleichen Grund aber haben sie andererseits auch das Bedürfnis nach Ich-stützender Nähe und Zuwendung. Mit diesem inneren Zwiespalt und seiner Psychodynamik gut umzugehen, erfordert vonseiten der Therapeuten besondere Einfühlungsfähigkeit und subtiles Abtasten der jeweiligen inneren Situation des Patienten; denn dessen Nähe-Toleranz kann sehr wechselhaft sein. „Naive" Herzlichkeit vom „schulterklopfenden" Typ – im konkreten und im übertragenen Sinn – muss hier in der therapeutischen Beziehung ebenso fehlgehen wie kühle oder ängstlich-unsichere Distanz.

Umgekehrt sind zum Beispiel die Kontakt- und Nähe-Bedürfnisse depressiv Kranker durch ganz andere innerseelische Vorgänge bestimmt. Die meisten von ihnen leiden intensiv unter ihrer inneren Leere, Isolierung und Antriebsarmut, und sie erhoffen sich so von möglichst viel Nähe anderer Menschen hilfreiche Stützung. Sie wollen aus der ohnmächtig erlebten Tiefe ihres depressiven Zustands herausgezogen werden. Deshalb verhalten sich solche Patienten oft stark nähesuchend, und wo sie Bereitschaft zur herzlichen Zuwendung spüren, kann hieraus eine geradezu symbiotische Anklammerung werden. Der andere Mensch, eben auch der Therapeut, wird zu einer Art rettender Gestalt, und dies muss ja dann laufend zu Enttäuschungen führen. Gerade Anfänger sind hierbei nicht selten in Gefahr, sich in den depressiven „Sog" und die Symbiose hineinziehen zu lassen, oder dann aber umgekehrt diesem Sog von vornherein durch deutliche Nähe-Verweigerung und ein Sichverschließen entgehen zu wollen. Beides stört und blockiert dann die Fähigkeit, frei und besonnen so „Herz" zu zeigen, dass die eigene Identität und auch die therapeutische Beziehungsfähigkeit gewahrt bleiben. Die Patienten spüren diese Eigenproblematik beim Therapeuten sehr gut und sind dadurch dann vermehrt verunsichert oder gar enttäuscht.

Die zwei aufgeführten, so unterschiedlichen Beispiele sollten verdeutlichen, wie differenziert mit herzlichem Verhalten und emotionaler Nähe im psychiatrischen Bereich umgegangen werden muss. Auch für andere Krankheits- und Störungsgebiete ließe sich Ähnliches aufzeigen. Jedenfalls wird aus solchen Zusammenhängen auch deutlich, wie wichtig Selbsterfahrungsprozesse und Supervisionshilfen für tätige Therapeuten sind, was zum Glück heute ganz selbstverständlich zu den Weiter- und Fortbildungen gehört. Ich muss von mir wissen und es erleben, wo meine eigenen neurotischen Anteile liegen, meine Stärken, Schwächen und Ängste, auch, wie ich nach außen und so auch auf den Patienten wirke. Hierzu gehört ebenso, zu erfahren, wie es mit meiner Fähigkeit zur Offenheit und Einfühlung und mit meiner gleichzeitigen Selbstkontrolle bestellt ist, Herzlichkeit zuzulassen und entsprechend zu variieren.

Das Einhalten einer notwendigen „letzten" Distanz, ebenso deren Ausmaß und Form, ist seit Beginn der eigentlichen psychotherapeutischen Ära gegen Ende des vorletzten Jahrhunderts immer ein heißer Diskussionspunkt gewesen. Speziell für die Entwicklung der Psychoanalyse durch S. Freud (1856 bis 1939) war dies eine zentrale Frage. Dabei ist schon die Art und Weise, wie die jeweils praktizierten Gestaltungsformen solcher Distanz von den Beteiligten – Patient oder Therapeut – erlebt und bewertet werden, überaus unterschiedlich. Dies ist aus Befragungen hinlänglich bekannt, da sich schon die Ausgangslagen der Beteiligten, die Bedürfnisse und Erwartungen der Patienten, und die therapeutischen Zielsetzungen und methodischen Konzepte der Therapeuten sehr unterscheiden. Eine bewusst emotional reduzierte und „neutral" gestaltete Kommunikationsart auf therapeutischer Seite kann auf der Patientenseite schon sehr stark als einfühlungsloses, „kühles" – oder auch „herzloses" – Verhalten erlebt werden.

Zum Verständnis solcher Diskrepanzen sei hier kurz erläutert, warum speziell in der Psychoanalyse, und zum Teil auch in von ihr abgeleiteten Verfahren, die persönliche Zurückhaltung und Distanz methodisch so wichtig ist. Der Therapeut soll ja nicht von seinen eigenen Erfahrungen erzählen, nicht Ratgeber sein oder kluge Anweisungen geben – was ja die Patienten bisher schon zur Genüge und ohne Effekt von den verschiedensten Seiten erfahren haben. Er soll einen eigenen Erkenntnis- und damit Änderungsprozess in der Psyche des Patienten selbst anstoßen, soll verstehen und deuten, was dieser für Gefühle und Phantasien auf ihn „überträgt" oder „projiziert"; erst so und hieraus vermag er dessen Reaktionsmuster zu bearbeiten. Dies kann harte Arbeit sein, auch wehtun und Aggressionen hervorrufen, und es kann und soll eben gerade nicht durch sofortige Mitleidszeichen oder Beschwichtigungen abgemildert werden. Die Grundeinstellung der Herzlichkeit und der Wertschätzung muss sich hier durch andere Begegnungselemente mitteilen als durch Zuwendung mit Samthandschuhen, Streicheleinheiten und Tröstung. So wird verständlich, welches methodische Vorgehen hinter der oft missverstandenen „Spiegel"- und „Abstinenz"-Haltung des Therapeuten steckt. Nach S. Freud (1912) sollte dieser „undurchsichtig für den Analysierten und wie eine Spiegelplatte nichts anderes zeigen, als was ihm gezeigt wird" (S. 384). Den Spiegel vorgehalten bekommen, primär mit den eigenen eingefahrenen Verhaltensmustern konfrontiert zu werden – dies ist meist schwer zu akzeptieren. Gar darin eine therapeutische Hilfestellung zu erleben, braucht oft recht lange Zeit. Einfach nur wohltuende Gespräche und stützende Freundlichkeit führen eben hier meist nicht weiter. Deshalb muss ein Therapeut sein Herz oft sehr verstecken, um den therapeutischen Prozess nicht zu gefährden. Aber er muss „Herz" haben, und es dann im geeigneten Augenblick auch zeigen und als Herzlichkeit äußern können. Dies erfordert als therapeutische Kunst sowohl die Fähigkeit zur neutralen Zurückhaltung, zur „Abstinenz" und zum Schweigenkönnen, als auch zur warmherzigen Offenheit und zum Finden der richtigen Worte – also ein Verhalten mit hoher Flexibilität.

Natürlich hat – wie es nicht ausbleiben kann – eine solche therapeutische Neutralität und „Spiegel"-Haltung in Vergangenheit und Gegenwart immer wieder zu starrer Einseitigkeit geführt. Die methodisch gebotene Zurückhaltung und „Abstinenz" wurde dann zur menschlichen Abschirmung überhaupt und zur kühlen persönlichen Distanz. Patient und Angehörige erleben solches Verhalten, vor allem ein permanentes Schweigen, verständlicherweise als Mangel an Einfühlung und Anteilnahme, oder gar als Ablehnung oder Missachtung ihrer Leiden. Namhafte Psychiater und Psychoanalytiker haben dies auch entsprechend kritisiert. So wurde von H. Thomä (1981) verdeutlicht, wie sich gerade die enge Verbindung, die die „Spiegel"-Haltung oft mit der „Abstinenz"-Haltung eingeht, therapeutisch negativ auswirken kann; hier werde nicht nur das therapeutische Potenzial der Methode eingeschränkt, sondern es würden auch direkte unerwünschte Folgen gesetzt, weil die Passivität des Therapeuten vom Patienten als „höchst aktive Zurückweisung" erlebt werde (S. 34 f.). Auch der Psychoanalytiker L. Luborski (1995) kritisiert ausdrücklich die sich zu distanziert verhaltenden Therapeuten, die zur „Gestaltung einer warmen und herzlichen Beziehung" zum Patienten nicht in der Lage seien (S. 126 f.). Und S. Freud (1927) selbst hat diese Gefahr schon gesehen, wenn die analytische Passivität „zu wörtlich" genommen oder übertrieben werde, und er tadelt dies in einem Brief ganz offen bei einigen seiner Schüler. In-teressanterweise sagt er dann von der weiteren Entwicklung der therapeutischen „Übertragung" (s. o.), dass diese den „Charakter einer herzlichen menschlichen Beziehung" haben dürfe, „ja soll" (S. 375). Es darf sicher als bemerkenswert gelten, aus Freud's Mund, gerade bei seiner so großen Korrektheit und Zurückhaltung, in diesem Zusammenhang das Wort „herzlich" zu hören!

Für die ganz andere Gefahr in therapeutischen Beziehungen, nämlich die Entwicklung von zu viel „Nähe", von zu viel innigem Kontakt, gibt es ebenfalls immer wieder Beispiele. Es ist ja auch nicht verwunderlich, sondern spricht eher für die Beziehungs- und Bindungsfähigkeit und so auch für die Nähebedürfnisse von Menschen überhaupt, dass diese gerade auch in Psychotherapieabläufen auftreten. Intensive Zuwendung, mit Entwicklung von Sympathie, bekommt damit oft eine erotische Note und eine starke gegenseitige Anziehung. Hierbei spielen auch noch therapiespezifische Übertragungsvorgänge eine entsprechende Rolle. Werden diese inneren Vorgänge nicht rechtzeitig erkannt und bewältigt, kann die Therapie in eine Beziehung ganz anderer Art, bis in erotische und sexuelle Kontakte, abgleiten. Auch von pädagogischen Beziehungssituationen ist diese Gefahr ja hinreichend bekannt. Aus „Herzlichkeit" wird dann eine fatale Beziehungsenge, und damit beginnen ganz andere Gefühle die psychische Herrschaft zu übernehmen. Nicht nur die dadurch entstehenden Probleme im familiären und sozialen Feld der Beteiligten, sondern auch die Auswirkungen auf den weiteren Verlauf der Therapie laufen dabei meist aus dem Ruder.

Man muss sich ja auch vor Augen halten, wie sehr die Psychiatrie als medizinische Disziplin, und erst recht die Psychotherapie als seelisch orientiertes Heilverfahren, im Lauf der vergangenen Jahrzehnte ein immer größeres Ausmaß an Zeit für den einzelnen Patienten aufgewendet haben. Dies klingt vielleicht seltsam in Anbetracht der nach wie vor deutlichen Zuwendungsdefizite und Sparzwänge in der klinischen und ambulanten Versorgung. Aber noch nie in der bisherigen abendländischen Kultur- und Medizingeschichte wurde im therapeutischen Betrieb so viel systematische Zeit, so viel Ohr für Klienten und Patienten mit ihren persönlichen Leiden aufgebracht wie heute. Das schafft intensive Nähe. Doch woher hat die Psychotherapie dies? Eine solche Ausrichtung entsteht ja nicht einfach als historische Neuinspiration senkrecht von oben oder eruptiv aus der Tiefe, sie wächst – wenn man so sagen darf – auf einem kulturell und ethisch vorgegebenen Boden. Wo solches geduldiges und akzeptierendes Zuhören jedoch immer schon seinen Ort hatte, ist die Seelsorge und die Beichte, auch in der bedingungslosen Zuwendung zu Gescheiterten und Hilflosen, in der Wertschätzung der noch so gestörten und verstörten Seele des Mitmenschen. So betrachtet, erleben wir in der Psychotherapie ein Stück säkularisiertes christliches Erbe. Aber auch in diesen früheren Formen der intensiven Zuwendung galt es als wichtig, echte menschliche Nähe herzustellen, und doch gleichzeitig klare Regeln und Grenzen dieser Begegnung und Beziehung einzuhalten. Das beschriebene Problem ist uralt.

Wo also ist der Ort von „Herz" und „Herzlichkeit" in diesem komplizierten Reaktions- und Gefühlsstrom, wie er in der Psychotherapie auftritt? Es dürfte deutlich geworden sein, dass es keine einfache Antwort gibt. Es handelt sich wirklich um einen „schwierigen Bereich", wie schon im Titel angedeutet. Viel fachliches Wissen, viel therapeutische Kompetenz und viel warme Beziehungsfähigkeit müssen zusammenkommen, um die Gratwanderung zwischen den emotionalen Bedürfnissen auf der einen und den therapeutischen Notwendigkeiten auf der anderen Seite durchzuhalten. Schon in einfachen Gesten kann ein heikles Problem liegen. Darf ich zum Beispiel einen Patienten, eine Patientin bei der Verabschiedung umarmen, um damit meine Wertschätzung und innere Nähe auszudrücken? Soll so etwas grundsätzlich unterbleiben, um keine Missverständnisse aufkommen zu lassen? Selbst dieser Punkt ist seit eh und je umstritten, auch unabhängig von der Art der Therapie. Was gut und damit richtig ist, lässt sich jedenfalls nur im Gesamtverlauf, an den therapeutischen Methoden und Zielsetzungen, an der Verantwortung der Beteiligten und letztlich an den wirklich erreichten Besserungen für den jeweiligen Menschen beurteilen.

Eines darf man zu diesem schwierigen Bereich sicher abschließend sagen: „Herz" muss allemal in unseren therapeutischen Bemühungen mit dabei sein. Ohne einen solchen grundsätzlich wohlwollenden, das heißt das Wohl des Patienten wollenden Impuls, kann es keine gelingende psychotherapeutische Beziehung geben. Sie bleibt im rein Technischen und damit emotional steril. Das heißt nicht, dass dieses „Herz" und auch die aus ihm fließende „Herzlichkeit" immer als positives, gar „warmes" Gefühl präsent sein muss. Es wurde in früheren Abschnitten hinreichend klar gemacht, dass dies in vielen Fällen so nicht sein kann, dass Ärger und Aggressionen oder Überdruss und Überlastung sich oft dazwischenschieben. Es geht vielmehr darum, ob mir, wie gesagt, das Wohl des Patienten grundsätzlich „am Herzen" liegt, trotz aller solcher Widrigkeiten. Wenn dies nicht der Fall ist, wenn innere Gleichgültigkeit oder Abwehr bleiben, muss ich mich der Frage stellen, ob ich der geeignete Therapeut für diesen Patienten, für diese Patientin bin. Die Erfahrung zeigt freilich, dass Menschen uns innerlich meistens umso näher kommen, je mehr wir uns wirklich mit ihnen befassen. Dies gilt somit auch für die Patientenbeziehung. Und der Impuls zur Herzlichkeit, wie dann auch deren Gestaltung im Einzelnen aussehen mag, hat wesentlichen Anteil an dieser Nähe.

6.
Schlussbetrachtung:
Das Wagnis der Herzlichkeit

Herzlichkeit ist, oder sie ist eben nicht – könnte man sagen, und sich dabei darauf berufen, dass Gefühle aus sich heraus eben da sind oder nicht da sind. Dies deswegen, weil in ihnen ja immer ganz spontane Vorgänge und Reaktionen zum Ausdruck kommen. Doch vieles, was bisher aufgezeigt wurde, weist deutlich darauf hin, dass wir sehr wohl einen Einfluss auf unsere Emotionen haben: dass wir sie wahrnehmen oder verleugnen, zulassen oder unterdrücken, ihnen Ausdruck geben oder sie hinter einer kühlen Miene verbergen können. Vor allem der Ausdruck nach außen, das Zulassen und gleichzeitige Gestalten und Steuern von Gefühlen, bestimmt elementar unsere Art von sozialer Kommunikation und unseren unmittelbaren Wirkkreis. Dies gilt für Freude und Traurigkeit, Zuneigung und Wut, Sympathie und Antipathie und viele andere Regungen überhaupt – und so auch für die Herzlichkeit.

Damit gewinnt die Frage, welche Deutlichkeit und welche Stärke wir für das Zulassen und das „Zeigen" herzlicher Regungen in unserer Welt wünschen sollen, ein ganz besonderes Gewicht. Schon einleitend wurde ja das Wunschbild einer „besseren" Welt, wie sie eine Vielzahl von Menschen ersehnen, aufgezeigt, und diese bessere Welt sollte eine „menschlichere", „wärmere", und damit eben auch „herzlichere" sein (s. 1.). Und wir alle wissen ja auch, dass diese Welt „prinzipiell" eine herzlichere sein könnte, wenn – ja wenn eben mehr Menschen bereit wären oder sich trauen würden, mehr

Herzlichkeit zu zeigen, was ja heißen würde, selbst damit anzufangen. Es ist betrüblich, dass eine solche einfache Feststellung so bieder, so naiv, so weltfremd klingt, so, dass die simple Wahrheit, die in ihr steckt, weithin nur auf Skepsis stößt. Sie wirkt wie ein unbedarfter ethischer Imperativ, ja sie klingt nach „Moralischer Aufrüstung", und erinnert so an die gleichnamige, weltweite Bewegung, die Frank Buchmann 1938 in so mutiger Weise angestoßen hat (Näheres s. P. Howard, 1951, S. 133 ff.). Der Ansatz, bei sich selbst anzufangen, wurde in dieser Bewegung zum klaren Prinzip erhoben. Und man hat sie dann auch mit dem Argument belächelt und entwertet, die menschliche Natur sei nun mal nicht so, und die Propagandisten einer solchen Bewegung hätten eine rosarote Brille auf, was das wahre Wesen des Menschen betreffe. Dabei war ja diese Bewegung gerade aus den Vorahnungen und Vorfelderfahrungen des Zweiten Weltkrieges entstanden und hatte ihre volle Verbreitung gerade in der Kriegs- und Nachkriegszeit erlebt.

Jeder Anstoß, mehr Menschlichkeit und Offenheit zu wagen, muss sich diesem generellen Einwand stellen, die menschliche Natur und die Bedingungen des Lebens gäben das nicht her. Nicht anders verhält es sich mit dem Impuls, im eigenen Umfeld und Wirkungskreis mehr Herzlichkeit zu zeigen. Wäre dem nicht so, wäre es kein Wagnis – mit der Chance, die Atmosphäre ein Stück weit positiv zu verändern, freilich auch, ins Leere zu laufen oder auf kühle Abneigung zu treffen. Die vielfältigen Möglichkeiten, die der Alltag hierzu bietet, wurden in den bisherigen Kapiteln zum Teil sehr eingehend dargestellt: Zulassung herzlicher Gefühle, die sich in Mimik, Gestik und Sprache ausdrücken, die Bereitschaft dazu im Betrieb, am Schalter, an der Kasse, auf der Straße, überhaupt in den vielerlei Arten von Begegnungen, erwarteten und unerwarteten. Dass dem oft ernsthafte emotionale Gründe entgegenstehen, gerade im Geflecht intensiver und komplexer Beziehungen mit deren Problematik, liegt auf einer anderen Ebene und war ebenfalls Gegenstand eingehender Erörterungen (s. 4.). Das Leben schafft Situationen, in denen jeglicher Ansatz von Herzlichkeit zum Erstarren kommt, und wo ganz andere Emotionen Platz greifen. Kein Mensch kann immer herzlich sein – hinreichend genug wurde dies ja verdeutlicht.

Es gibt auch grundsätzliche, gewissermaßen ideologische Einstellungen gegen das Zulassen herzlicher Gefühle. Dahinter steckt oft eine ganze Weltanschauung, manchmal auch ein Versuch, sich zu schützen, oder scheinbare Stärke zum Verbergen von Schwäche zu entwickeln. So galt schon in der Antike das Ideal der Gelassenheit und des Gleichmuts, das so weit ging, dass es Ziel für die Lebensbewältigung war, durch Ereignisse und Gefühle völlig unberührt zu bleiben. In der philosophischen Schule der Stoiker (4. – 2. Jh. v. Chr.) hat diese Haltung ihren deutlichsten Ausdruck gefunden. Die Einstellung der Unerschütterlichkeit (griech. „ataraxia") und der Affektlosigkeit (griech. „apatheia") wurde hier zum Zeichen besonderer Freiheit von den Trieben und Gefühlen kultiviert – als Beleg für wahre Vernunft, Weisheit und gelingende Lebensführung. In der späteren Antike war u. a. der Kaiser Marc Aurel (161–180 n. Chr.) ein Vertreter dieser Schule; in seinen bekannten „Selbstbetrachtungen" rühmt er das Zügeln von Einbildung und Begierden, sowie das Ideal, bei von außen kommenden Ereignissen „unerschütterlich ruhig" zu bleiben (174 n. Chr. /1948, S. 142 u. 150. – Näheres zu den Stoikern s. W. Windelband, 1950, S. 141–143). Mit der gleichzeitigen Betonung von Vernunft und gesellschaftlicher Verantwortung war dies auch Teil einer bestimmten Wertordnung. Bis heute redet man ja von einer „stoischen" Ruhe und Gelassenheit, wenn sich ein Mensch sichtlich unbeeindruckt und unberührt von dem zeigt, was um ihn herum vor sich geht, und was ihn eigentlich erregen, aktivieren, aus seiner Reserve herauslocken müsste. Über die Jahrhunderte hinweg ging von diesem Zielbild immer ein Stück Faszination aus, und es lebt, mit verändertem Gesicht, auch in unserer Zeit. So zeigt es sich z. B. deutlich in dem Ideal der „Coolness" und dem, was dieser Begriff heute für Jugendliche beinhaltet, ob eher in Richtung von situativer Souveränität und Gelassenheit, oder gar in Richtung von Unbeeindruckbarkeit und Distanzierung. Die schillernde Zweitbedeutung des Begriffs „cool", nämlich im Sinn von faszinierend, kreativ oder „toll", lässt dabei auch die Bewunderung für ein derartiges Verhaltensideal zur Lebensbewältigung mit anklingen. Aus dem weiteren Bereich von Zielsetzungen in unserer Zeit, die in eine ähnliche Richtung weisen, können die bekannten Forderungen nach „Sachlichkeit", „Nüchternheit" oder „Emotionsfreiheit" angeführt werden. Sie beziehen sich auf die verschiedensten Lebensbereiche, vor allem auf Justiz und Politik, auch auf Diskussionen und Verhandlungsführungen aller Art. Es ist natürlich weithin einsichtig, welcher Sinn hinter solchen Forderungen steht, und dass eine „Versachlichung" von Auseinandersetzungen einer bestimmten „Sache" dienen soll und natürlich auch dienen kann.

Wie aber sähe eine Welt aus, in der das Zeigen von Emotionen, das Zulassen von Gefühlen wie Freude oder Traurigkeit, Ärger oder Ergriffenheit – und eben auch Herzlichkeit – vermehrt oder gar grundsätzlich unerwünscht bliebe? Wie würden sich Beziehungen zwischen Partnern, Freunden und Kollegen gestalten, wenn das vorrangige Prinzip die besagte „Unerschütterlichkeit" oder „Coolness" wäre? Die Frage aufwerfen heißt auch schon, sie zu beantworten. Nicht von ungefähr hat sich eine solche Einstellung auch in der Kultur- und Sittengeschichte nur als eine ganz bestimmte Möglichkeit der Lebenshaltung und Lebensgestaltung Raum geschaffen. Daneben stand immer, vor allem angestoßen durch vielfältige Impulse aus der religiösen Welt, die Hochschätzung von Liebe, Zuneigung, Barmherzigkeit und Ergriffenheit – alles, was menschliche Nähe und damit auch „Berührbarkeit" ausmacht. In dem berühmten Gleichnis vom „Barmherzigen Samariter" (Luk. 10, 30–37) hat Jesus dieses Gepacktsein vom Leid des anderen, aber auch die Unberührtheit davon, so exemplarisch und ergreifend geschildert. Es wurde ja schon erwähnt, als es um den Zusammenhang zwischen „Barm-herzigkeit" und „Herzlichkeit" ging (s. 3.). Hier jedenfalls wird in besonderer Weise konkret: Der Samariter hat Herzlichkeit gewagt.

Einstellungen in diese Richtung finden sich selbst dort, wo der religiöse Hintergrund anscheinend einen klaren inneren Rückzug von allen Bindungen an diese Welt, von Lust und Leidenschaft, von Freudigem und Leidvollem nahelegt, wie im Buddhismus. Denn die dann praktizierte Ethik, u. a. konkret das Leben nach den verschiedenen Prinzipien des „Achtfachen Pfades", ist keineswegs vom Ideal der „Unerschütterlichkeit", „Unberührtheit" oder „Coolness" im genannten Sinn geprägt. Nicht nur im „Mitgefühl" mit aller Kreatur, sondern auch im wertschätzenden Umgang mit den Mitmenschen, in der gütigen und freundlichen Verbundenheit mit ihnen – wozu ja „Herz" gehört – zeigt sich ein intensives Element der Zuwendung (Näheres s. H. Gruber, 2002, S. 680 u. 690; H. Küng, 1984, S. 457f.; R. Gard, 1972, S. 177f.). Und kein Geringerer als der Dalai Lama (2007) spricht davon, wie „äußerst kostbar" im Leben „Freundlichkeit und Liebe" seien und, noch mehr, dass wir „Güte und Warmherzigkeit kultivieren" sollen (S. 12 u. 13); „Warmherzigkeit" weist hier wohl in die gleiche Richtung wie „Herzlichkeit". „Wenn wir selbst Warmherzigkeit entwickeln, kann das auch andere verwandeln ... Sie werden warmherziger, mitfühlender und ausgeglichener werden" (S. 13).

Das Wagnis der Herzlichkeit begegnet uns in all diesen Beispielen in der Zuversicht, dass es auch Wirkung zeigen wird.

Das Wirkelement hierbei ist dann einfach das Tun, das Sich-trauen, vor allem das Anfangen damit. Der Psychologe Peter Lauster (1986) bezeichnet die Herzlichkeit als einen „ganz wichtigen Aspekt seelischen Erlebens"; „Ein offenes Herz führt zu Herzlichkeit, ein enges Herz bedingt angstvolles Erleben" (S. 26). Der herzliche Mensch gehe auf seine Mitmenschen und die Ereignisse positiv eingestellt zu, er lege keine engen Wertmaßstäbe an; und Herzlichkeit sei ein Kennzeichen von Gelassenheit. „Herzliche Gelassenheit ist eine herrliche seelische Haltung" (S. 27). In dieser Beschreibung drückt sich vor allem die lockere Offenheit aus, die sich in einer herzlichen Gefühlseinstellung ganz von selbst entwickelt. Und hierher gehört auch die Erfahrung, dass Herzlichkeit, herzliche Bewegtheit und eine herzliche Atmosphäre immer auch mit einem freudigen Grundgefühl verbunden sind. Damit aber werden alle bekannten positiven psychischen und körperlichen Veränderungen angestoßen, die mit Freude, Lachen und Sichwohlfühlen einhergehen. Der schon erwähnte Slow-Forscher M. Csikszentmihalyi (s. 4.) hat diese enge Verbindung mit dem Flow-Erlebnis besonders betont; und er räumt der Fähigkeit, „uns an unserem Leben intensiver zu freuen", sogar in der Evolution einen hohen Rang ein (S. 236). Für die Gesundheit, die körperliche und die seelische, ist diese Wirkung seit Langem bekannt. Und das Wagnis der Herzlichkeit, insofern es zu mehr innerer Offenheit und Freudigkeit und damit dann auch zu äußerer, atmosphärischer Freudigkeit und Nähe führt, hat in seinem Gefolge solche positiven Direktwirkungen auf Gesundheit und Wohlbefinden.

Als aufschlussreich erweist sich auch der Versuch, Herzlichkeit überhaupt in einen Zusammenhang mit verwandten Emotionen und Einstellungen zu bringen. Dabei bietet sich eine Art aufsteigender Reihe von Intensitäten an, die sowohl quantitative als auch qualitative Stufen markieren. Für das

Vorfeld von Herzlichkeit könnte man dabei nennen: Wohlwollen – Wertschätzung – Freundlichkeit. Dann käme direkt
die Herzlichkeit. In der Freundlichkeit, als der „kleinen
Schwester" der Herzlichkeit (s. 3. und 4.), ist ja schon sehr
vieles an Herzlichkeitsanteilen enthalten. In der weiterhin
folgenden Intensitätsreihe ließen sich dann die Bereiche Ero-
tik – Liebe – Leidenschaft anführen. Innerhalb dieser exemplarischen emotionalen Reihe, die ja auch Stufen von Nähe
markiert, hätte somit die Herzlichkeit einen relativ klaren
Ort: in der guten Mitte nämlich zwischen bloßem Wohlwollen und Freundlichsein einerseits und einer zu libidinösen
Nähe und Aufdringlichkeit andererseits. Damit, in diesem
eigenen Freiraum und Spielraum, darf sie auch mit gutem
Gefühl gewagt werden, ohne sich zu sehr zu vergreifen oder
grenzverletzend zu sein. Natürlich kann sie dabei auch ins
Leere laufen. Eine solche Enttäuschung ist in dem Wagnis
immer enthalten (s. u.). Aber sie kann auch ins Volle laufen,
also Wirkung zeigen, gar Herzen aufschließen und so Anstoß
zu atmosphärischen Änderungen sein. Sicher viel öfters, als
wir es meinen und wir es uns aus Zaghaftigkeit nicht trauen,
sind die anderen Menschen für solche herzliche Annäherung
aufgeschlossen. Die eingangs beschriebenen allgemeinen Sehnsüchte nach mehr Wärme und Herzlichkeit in der Welt (s. 1.)
bezeugen dies.

Damit schließt sich der Wirkungskreis zu dem, was schon
über die Bedeutung von Bindungen ausgeführt wurde (s. 2.),
besonders aber dahin, dass wir Menschen auf „gelingende
Beziehungen" hin angelegt sind (J. Bauer, s. 3. und 4.). In ähnlicher Weise betont auch die Psychoanalytikerin B. Dorst
(2005) im Rahmen einer „neuen Beziehungskultur" das Element der „Bezogenheit" (S. 77 und 93), zu dem auch Mitgefühl und Mitleid gehörten. Sie fragt u. a., warum „das Mitleid
(von griech. „sympatheia") es so schwer hat, als ein wertvol-
les Gefühl anerkannt zu werden" (S. 95); Mitleid sei „Anteil-

nahme am Leben und Leiden anderer", und „Mitgefühl ist eine Herzensqualität"; es gehöre aber „zu den Abwehrformen erkalteter Herzen, Mitgefühl ... zu diffamieren" (S. 96). Von diesem Bild der „erkalteten Herzen" lässt sich wieder ein Bogen schlagen zu dem schon eingehend behandelten Thema „Herzenswärme" und „Herzenskälte" (s. 3.). Und ebenso nahe liegt auch erneut die packende Vision des Propheten Hesekiel von dem „steinernen Herzen" des Volkes, das durch ein „fleischernes Herz" ersetzt werden soll (Hes. 11, 19; s. 3.). Hier also, durchgehend durch alle Zeiten, erscheint wiederum die große Sehnsucht nach einer Welt mit mehr „Herz" und mit mehr „Wärme", und damit auch mit mehr Herzlichkeit (s. 1.). Ob sich so etwas unter eschatologischem Aspekt – also zum Ende aller Zeiten – in so umfassender Weise verwirklichen wird, ist eine Sache der religiösen Hoffnung. Ob es aber im kleinen zwischenmenschlichen Rahmen, in aller Begrenzung und Unvollkommenheit, dafür aber jetzt und jederzeit, Wirklichkeit werden kann, ist eine Sache des persönlichen Wagnisses. Und in diesem Wagnis der Herzlichkeit – man denke an das Gleichnis vom barmherzigen Samariter (s. o.) – liegt wohl ebenso ein Stück religiöser Qualität.

Von vornherein problematisch wird es freilich, wenn sich herzliches Verhalten auch dort auf Begegnung einlassen möchte, wo es auf das Bollwerk festgefügter Überzeugungen und kompromissloser Einstellungen trifft. Denn zu diesen gehört ja häufig, manchmal wesensmäßig, eine starke innere Verhärtung und Verschlossenheit, mögen sie religiöser, politischer oder rein individueller Art sein. Hat diese Form von Glaubens- und Überzeugungstreue noch mit der Hintergrundangst vor Verlust des Fundaments zu tun, wie im Fundamentalismus, so bedeutet dies nicht nur Konfrontation mit den früher genannten Begegnungsängsten (s. 3.), sondern mit viel tiefer liegenden, existenziellen Urängsten. Ein Sicheinlassen auf herzliche Begegnung von Mensch zu Mensch kann dann, wenn überhaupt, nur stattfinden, wenn die heiklen Glaubens- und Überzeugungsthemen ausgeklammert bleiben; andernfalls wird eine herzliche Begegnung mit ihrem Angebot von Offenheit und Nähe als gefährlich für das eigene Fundament erlebt. Stoßen wir darüber hinaus auf die aggressive Verteidigung oder gar Durchsetzungsmentalität solcher Überzeugungen, wie im Fanatismus, so gestaltet sich der Versuch einer herzlichen Begegnung noch wesentlich schwieriger. Er kann beim induzierten Fanatismus (Ansteckungs- oder Teil-Fanatismus) noch manchmal gelingen, weil hier meist bestimmte Lebensbereiche noch von der fanatischen Durchdringung ausgespart bleiben. Ein solcher Versuch stößt aber beim essentiellen Fanatiker (klassischer oder Voll-Fanatiker) so gut wie immer auf Ablehnung oder aggressive Abwehr (Näheres zum Fundamentalismus und Fanatismus s. G. Hole, 2004, S. 31 ff. und 41 ff.). Hier wird herzliches Verhalten, ob spontan oder gewollt (s. 2.), notgedrungen einseitig und ohne Echo bleiben. Und oftmals wird es dann von dieser Seite auch als naiv und unbedarft abgetan. So gehört es nun einmal zum Zeigen von Herzlichkeit, dass wir – wie bei vielen anderen Dingen im Leben auch – manchmal die Erfahrung des Scheiterns machen müssen.

Herzlichkeit als Wagnis: In Anbetracht der Beschaffenheit dieser Welt und der Art der menschlichen Natur muss man dieses Wagnis klar als solches benennen. Nicht nur, weil es manchmal zum Scheitern verurteilt ist (s. o.), sondern überhaupt, weil es so oft gegen Ängste, Vorurteile und Trägheit, gegen Leiden, Verbitterung und Abwehr angehen muss; und weil dann ein Erfolg schon darin bestehen kann, dass ein eigenes zaghaftes Zulassen von herzlichen Gefühlen bei einem anderen Menschen ein wenig mehr Aufgeschlossenheit und Entspanntheit hervorzurufen vermag. Auf der anderen Seite darf man dieses Wagnis aber auch, und weit mehr, mit freudigen Gefühlen beschreiben, vor allem aus entsprechendem

Erfahrungshintergrund heraus. Der durch seine Beschreibung der „emotionalen Intelligenz" bekannt gewordene Psychologe Daniel Golemann hat es klar formuliert: „Wir schicken bei jeder Begegnung emotionale Signale aus, die sich auf unser Gegenüber auswirken." Und emotionale Intelligenz schließe ein, dass man dies „zu steuern weiß" (1995, S. 149 f.).

So ist auch die Wirkmacht herzlichen Verhaltens innerhalb des Wirkungskreises unserer Person, wie sie in den bisherigen Kapiteln beschrieben wurde, augenfällig und erlebbar. Herzlichkeit, wo sie eingebracht wird, verändert Reaktionen und Atmosphäre, sie vermag mehr Offenheit und Lockerung zu schaffen und damit oft auch mehr Vertrauen und herzliches Entgegenkommen hervorzurufen. Das alte Erfahrungswort aus dem Volksmund: „Wie man in den Wald hineinruft, so schallt es heraus", bezeichnet am besten, was hier gemeint ist. Man mag diese Wahrheit mit viel Skepsis und mit entsprechenden Gegenargumenten zu entwerten versuchen. Gleichwohl zeugen die vielen, klar beschriebenen Situationen und Einzelbeispiele von ihrer exemplarischen Gültigkeit. Wir können, wenn wir die innere Bereitschaft dazu haben und es nur wollen, die kleine Welt um uns herum verändern. Eine dieser möglichen Veränderungen ist, sie herzlicher zu gestalten.

Und zuletzt: Herzlichkeit tut gut. Sie tut uns selbst gut, wenn wir sie in uns spüren, sie zulassen und nach außen leben können. Und sie tut den anderen gut, die sie in der Begegnung erleben und sie dann in sich ebenso zulassen können. Sie tut körperlich gut und sie tut seelisch gut. Sie bedeutet Lockerheit, Entspannung und Wohlbefinden auf der körperlichen Ebene und Offenheit, Angstfreiheit und Freude auf der seelischen Ebene: eine besondere Art von Harmonie, die jedes Mal, wenn sie in Begegnungen und Beziehungen möglich wird, neu ein Stück Glücklichsein spüren lässt. Mag dieses Erleben auch noch so begrenzt sein, es ist ein gutes Stück Leben. Herzlichkeit macht das Leben erträglicher, lebenswerter und freudevoller – sie zu wagen, ist unter den vielen Wagnissen im Leben gewiss eines der besten.

Literaturverzeichnis

Aristoteles (ca. 330 v. Chr./1957): Nikomachische Ethik (übers. von F. Dirlmeier). Frankfurt (Fischer-Bücherei)

Augustinus, A. (ca. 400 v. Chr. / 1955): Bekenntnisse (übers. von J. Bernhart). Frankfurt/Hamburg (Fischer-Bücherei)

Aurel, M. (174 n. Chr./1948): Selbstbetrachtungen. Zürich (Rascher-Verlag)

Bauer, J. (2006): Prinzip Menschlichkeit. Hamburg (Hoffmann und Campe)

Baumann-Lerch, E. (2007): Medizin braucht Mitgefühl. Publik-Forum 15 (2007), S. 12–16

Berner, P. (1986): Wahn. In: Lexikon der Psychiatrie (Hrsg.: Chr. Müller), 2. Aufl. Berlin/Heidelberg/New York 1986 (Springer-Verlag), S. 719 ff.

Biesterfeld, W. (1974): Herz. In: Historisches Wörterbuch d. Philosophie (Hrsg.: J. Ritter), Band 3. Basel/Stuttgart (Schwabe und Co.), S. 1100–1111

Bochnik, H.-J. (2000): Ärztliche Begegnungen und die notleidende Kunst des ärztlichen Verhaltens. In: Begegnungen mit psychisch Kranken (Hrsg.: H.-J. Bochnik u. W. Oehl). Sternenfels (Verlag Wissenschaft und Praxis), S. 97–110

Bongartz, W. und B. (2000): Hypnosetherapie. 2. Aufl. Göttingen/Bern (Hogräfe-Verlag)

Bowlby, J. (1969): Attachment and loss. Vol. 1: Attachment. New York (Basic Books). – Deutsch (1975): Bindung. Eine Analyse der Mutter-Kind-Beziehung. München (Kindler-Verlag)

Brisch, K.-H. (1999): Bindungsstörungen. Stuttgart (Klett-Cotta-Verlag)

Csikszentmihalyi, M. (1996): Das Flow-Erlebnis. 6. Aufl. Donauwörth (Ludwig Auer GmbH)

Dalai Lama (2007): Der Weg zum Glück (Hrsg. J. Hopkins). 5. Aufl. Freiburg (Herder-Verlag)

Darwin, Ch. (1871/2005): Die Abstammung des Menschen. Paderborn (Voltmedia-Verlag)

Dorst, B. (2005): Prüfsteine einer neuen Beziehungskultur. In: Einander anerkennen (Hrsg.: Chr. Neuen). Düsseldorf/Zürich (Patmos/Walter-Verlag), S. 77–97

Erikson, E. H. (1953): Wachstum und Krisen der gesunden Persönlichkeit. In: Psyche 7 (1953) 1–139

Evang. Gesangbuch (EG) (1996). Stuttgart (Gesangbuch-Verlag GmbH)

Faust, V. (Hrsg.) (1995): Psychiatrie. Stuttgart/Jena (G. Fischer-Verlag)

Faust, V. (2004): Lachen ist die beste Medizin. In: Psychische Störungen heute (Hrsg. V. Faust). 6. Ergänzungs-Lfg. 3/04. Landsberg (ecomed-Verlag), S. 1–12

Freud, S. (1912): Ratschläge für den Arzt bei der psychoanalytischen Behandlung. Ges. Werke, Bd. 8, 6. Aufl. Frankfurt
(S. Fischer-Verlag)

Fromm, E. (1956): Die Kunst des Liebens. Ullsteinbuch Nr.
258. Frankfurt/Berlin/Wien (Ullstein-Verlag)

Gard, R. A. (1972): Der Buddhismus. New York/Genf (Edito-
Service s. a.)

Gerhard, P.: s. Evang. Gesangbuch (EG), Nr. 302, 446 u. 503

v. Goethe, J. W.: Goethes ausgewählte Werke, Bd. 4. Leipzig
(ohne Jz.) (Verlag Hesse und Becker)

Golemann, D. (1995): Emotionale Intelligenz. München/
Wien (Carl-Hanser-Verlag)

Granoff, J. (2006): Unter dem Leitstern der Liebe. Publik-
Forum Nr. 24 v. 15. 12. 2006, Dossier S. VIII f.

Gruber, H. (2002): Der Buddhismus in Geschichte und Gegenwart. In: Harenberg: Lexikon der Religionen. Dortmund
(Harenberg-Verlag)

Harrer, G. (1995): Musiktherapie. In: Psychiatrie (Hrsg.: V.
Faust). Stuttgart/Jena/New York (G. Fischer-Verlag)

Hole, G. (1997): Die therapeutische Hypnose. Dtsch. Ärzte-
blatt 94 (49), 3351–3356

Hole, G. (2000): Die Rolle der Herzlichkeit in der Patientenbegegnung. In: Begegnungen mit psychisch Kranken (Hrsg.:
H. J. Bochnik und W. Oehl). Sternenfels (Verlag Wissenschaft
und Praxis), S. 123–134

Hole, G. (2004): Fanatismus. Gießen (Psychosozial-Verlag)

Howard, P. (1951): Welt im Aufbau. Bonn (Girardet u. Co.-Verlag)

Jaspers, K. (1971): Psychologie der Weltanschauungen, 6. Aufl. Berlin/Heidelberg/New York (Springer-Verlag)

Jaspers, K. (1959): Allgemeine Psychopathologie, 7. Aufl. Berlin/Göttingen, Heidelberg (Springer-Verlag)

Jordan, W. (1996): Die Eifersuchtsfalle. Freiburg (Herder-Verlag)

Jung, C. G. (1921/1990): Psychologische Typen. Ausg. Typologie. München (DTV)

Kant, I. (1778/1961): Kritik der praktischen Vernunft (Hrsg.: J. Kopper). Stuttgart (Reclam jun.-Verlag)

Karstädt, K. (2006): Geld oder Liebe (Interview). Publik-Forum Nr. 24 v. 15.12.2006, Dossier S. IX f.

Kast, V. (1984): Paare. 2. Aufl. Stuttgart (Kreuz-Verlag)

Kernberg, O. F. (1996): Narzißtische Persönlichkeitsstörungen. Stuttgart (Schattauer-Verlag)

Kierkegaard, S. (1844/1958): Der Begriff Angst. Düsseldorf (E. Diederichs-Verlag)

König, K. (1995): Kleine psychoanalytische Charakterkunde. Göttingen (Vandenhoeck u. Ruprecht)

Kossak, Ch. (1997): Lehrbuch Hypnose. 3. Aufl. München/Weinheim (Psychologie Verlags Union)

Kretschmer, E. (1951): Körperbau und Charakter. 20. Aufl. Berlin (Springer-Verlag)

Küng, H., van Ess, J., v. Stietencron, H., Bechart, H. (1984): Christentum und Weltreligionen. München (Pieper-Verlag)

Kummer, P. (1993): Nichts ist unmöglich. 2. Aufl. München (F. A. Herbig-Verlagsbuchhandlung)

Lauster, P. (1974): Selbstbewusstsein kann man lernen. München/Gütersloh/Wien (Bertelsmann-Verlag)

Lauster, P. (1986): Wege zur Gelassenheit. Reinbek (Rowohlt-TB-Verlag)

Leonhard, K. (1968): Akzentuierte Persönlichkeiten. Berlin (Verlag Volk und Gesundheit)

Lexikon der Herzensbildung (2001). Bern (Uroboros-Verl.), S. H1 (www.uroboros.ch/lexikon/herzlichkeit)

Lindauer Psychotherapiewochen. 2. Woche, 2. – 7. 05. 2004. Programm: Sekretariat, Platzl 4A, 88331 München

Luborsky, L. (1995): Einführung in die analytische Psychotherapie. 2. Aufl. Göttingen (Vandenhoeck u. Ruprecht)

Mecklenbeck, F. u. Clausnitzer, S. (2002): Musiktherapie. In: Diagnostik und Therapie psychischer Störungen (Hrsg.: W. Gaebler, u. F. Müller-Spahn). Stuttgart (Kohlhammer-Verlag), S. 1034–1037

Mettler- v. Meibom, B. (2006): Wertschätzung. München (Kösel-Verlag)

Meyer, I. E. (1989): Die Arzt-Patient-Beziehung in der Psychiatrie. Nervenarzt 60 (1989), 102–105

Neumann, E. (1964): Tiefenpsychologie und neue Ethik. München (Kindler-Verlag)

Nietzsche, F. (1883/1994): Also sprach Zarathustra. Stuttgart (Reclams Universal-Bibl. Nr. 7111)

Pascal, B. (1979): Von der Ordnung des Herzens. In: Größe und Elend des Menschen (Auswahl aus „Pensées"). Frankfurt (Insel-Verlag), S. 89–93

Publik-Forum (2007): (Hrsg.: Leserinitiative Publik e. V.): Heft 4, Nov./Dez. 2007

Rauchfleisch, U. (1992): Allgegenwart von Gewalt. Göttingen (Vandenhoeck u. Ruprecht)

Remplein, H. (1965): Psychologie der Persönlichkeit. 5. Aufl. München/Basel (Ernst Reinhardt-Verlag)

Riemann, F. (1979): Grundformen der Angst. 14. Aufl. Basel (Ernst Reinhardt-Verlag)

Rogers, C. R. (1951): Die klient-bezogene Gesprächstherapie. München (Kindler-Verlag)

Saint-Exupéry, Antoine de (1950): Der kleine Prinz. Düsseldorf (Karl-Rauch-Verlag)

Saß, H. (1995): Persönlichkeitsstörungen. In: Psychiatrie. (Hrsg.: V. Faust). Stuttgart/Jena/New York (G. Fischer-Verlag), S. 215–222

Spaemann, R. (2004): Moralische Grundbegriffe. 7. Aufl. München (CH Beck-Verlag)

v. Sury, K. (1974): Wörterbuch der Psychologie und ihrer Grenzgebiete. 4. Aufl. Olten (Walter-Verlag)

Stoffer, H. (1963): Die Echtheit in anthropologischer und konfliktpsychologischer Sicht. München/Basel (Ernst Reinhardt-Verlag)

Studt, H. H. (1995): Psychosomatische Medizin und Neurosenlehre. In: Psychiatrie (Hrsg.: V. Faust). Stuttgart/Jena/New York (G. Fischer-Verlag), S. 169–213

Schiller, F. (1796/1959): Schillers Werke, 1. Bd. München/Zürich (Droemersche Verlagsanstalt)

Schmidbauer, W. (1977): Die hilflosen Helfer. Reinbek (Rowohlt-Verlag)

Schmidbauer, W. (2001): Lexikon Psychologie. Reinbek (Rowohlt-Verlag)

Schmidbauer, W. (2007): Das Helfer-Syndrom. Reinbek (Rowohlt-Verlag)

Schultz, J. H. (1964): Das autogene Training. 11. Aufl. Stuttgart (Thieme-Verlag)

Thielicke, H. (1958): Theologische Ethik. Bd. 1, 2. Aufl. Tübingen (J. C. B. Mohr-Verlag)

Thomä, H. (1981): Vom spiegelnden zum aktiven Psychoanalytiker. Frankfurt (Suhrkamp-Verlag)

Vorländer, K. (1963): Philosophie des Altertums. Reinbek (Rowohlt-Verlag)

Weyer, A. (1979): Ontologie, Psychologie und Theologie der Liebe. In: Die Psychologie des 20. Jh., Bd. XV (Hrsg.: G. Condrau). Zürich (Kindler-Verlag)

Willi, J. (1985): Koevolution. Reinbek (Rowohlt-Verlag)

Windelband, W. (1950): Lehrbuch der Geschichte der Philosophie (Hrsg.: H. Heimsoeth). 14. Aufl. Tübingen (J. C. B. Mohr-Verlag)

Witter, H. (1986): Schuldfähigkeit, Schuldunfähigkeit. In: Lexikon der Psychiatrie (Hrsg.: Chr. Müller). 2. Aufl. Berlin/Heidelberg/New York (Springer-Verlag), S. 719 ff.

Namensverzeichnis

Stichwortverzeichnis